Grillen
für Genießer

Grillen
für Genießer

Linda Tubby
mit Fotos von Martin Brigdale

Christian Verlag

Für Lou, Charlie, Tilly und Jack
von ganzem Herzen

Inhalt

Einführung

Grillen: ein internationales Vergnügen!

Das Garen über Kohlen ist eine so einfache Zubereitungsart, dass selbst der größte Küchenmuffel in der Familie begeistert dabei ist, wenn er um Hilfe beim Feueranzünden oder beim Überwachen des Grillgutes gebeten wird. Zudem benötigt man beim Grillen nur wenig Ausrüstung und ein paar gute Zutaten, um ein köstliches Essen zu zaubern.

Aus welchem Grund auch immer – die appetitlichen Düfte, die durch sommerliche Gärten ziehen, das auf Grillrost oder -blech leise zischende Grillgut und die Aussicht auf heißes, würziges Essen auf dem Teller begeistert Jung und Alt, Freunde und Familie, kleine und große Gruppen.

Grillen ist eine beliebte Garmethode, seit der Mensch entdeckte, dass über einem Feuer gedrehtes und gegartes Fleisch besser schmeckt als rohes. Woher der englische Ausdruck *barbecue* stammt, ist nicht eindeutig geklärt; er könnte auf *barbacoa* zurückgehen, eine erhöhte Plattform zum Kochen, die bei den spanischen Eroberern der Karibik im 15. Jahrhundert einen nachhaltigen Eindruck hinterließ. Der *Barbacoa*-Grillrost war aus grünem (frischem) Holz gefertigt und wurde vor allem zum Garen und Räuchern von Fleisch benutzt. Andere sind der Meinung, das Wort stamme vom französischen Ausdruck *barbe en queue*, was so viel heißt wie „Bart bis Schwanz" und beschreibt, wie Ziegen von französischen Siedlern im amerikanischen Bundesstaat Florida geröstet wurden.

Von seinen Ursprüngen hat sich das Grillen zu einer raffinierten Garmethode entwickelt, die man in allen Küchenkulturen der Welt findet. Die Bandbreite reicht von einfachen Konstruktionen wie den Tonöfen und offenen Strandfeuern in Spanien und Portugal, in bzw. über denen frisch gefangene Sardinen gegrillt werden, bis zu großen Ungetümen wie den berühmten *asados* in Südamerika, die großes Geschick erfordern und bei denen auch ganze Tiere aufrecht auf Stangen über offenem Feuer geröstet werden.

Australier sind sehr kreativ beim Grillen. Sie rösten, grillen, räuchern und dämpfen frische Zutaten über dem Feuer und auf dem Grillrost im Garten, auf dem Balkon oder am Strand. In erster Linie waren sie es, die aus dem Grillen als praktischer Garmethode eine beliebte Freizeitaktivität für Millionen machten. Ähnliches lässt sich aus den USA berichten, wo besonders in den südwestlichen Bundesstaaten viel gegrillt wird. Berühmt sind die pikant gewürzten Steaks und Rippchen, die häufig an großen, rotierenden Spießen über offenem Feuer brutzeln. Diese Gerichte spiegeln den vielseitigen Geschmack der Kalifornier wider, die Einflüsse aus dem nahen Mexiko und aus Südostasien bereitwillig aufnehmen.

Grillen hat einen festen Platz in der Straßengastronomie vieler Kulturen, von Marokko und der Türkei bis nach Indien und weiter nach Südostasien. In Nordafrika garen die Händler in den arabischen Souks Fleischspieße auf kleinen Öfen aus Lochblech und erfüllen die Luft mit Düften, die einem das Wasser im Mund zusammenlaufen lassen. In Teilen Griechenlands lebt in kleinen Tavernen die Tradition des Röstens von Schweinefleisch über der Kohlenglut noch an jedem Sonntag

fort. Das Feuer wird bereits am frühen Morgen entzündet und über der Glut ein ganzes Schwein am Spieß geröstet. Wenn es zur Mittagszeit gar ist, stellt man es in einer Glasvitrine zur Straße hin aus und verkauft es stückchenweise an Passanten. In Marokko und seinen Nachbarländern serviert man bei festlichen Gelegenheiten das arabische *mechoui*. Dieser Name bedeutet so viel wie Grill. Beim *mechoui* wird ein ganzes Lamm langsam geröstet.

Noch größere Veranstaltungen sind Gemeinschafts-Grillfeste, bei denen in Gruben oder Gräben gegrillt wird. Als Beispiele wären hier die so genannten *clambakes* in Neuengland zu nennen, bei denen man das Essen auf Schichten von Seetang gart, der auf vom Feuer erhitzten Steinen ausgelegt wird, sowie die kunstvollen *umu* der Samoaner im Südpazifik. Dort wird das Feuer auf vulkanischen Flusssteinen entzündet. Das Essen wird in riesige Taroblätter gewickelt und die Pakete werden dann unter die heruntergebrannte Glut zwischen die glühend heißen Steine gelegt. Das Essen besteht traditionell aus einer üppigen Auswahl an stärkereichen Gemüsesorten, Meeresfrüchten und Fleisch. Ein *luau* – eine Kombination aus jungen Taroblättern, Zwiebeln und Kokosnusscreme, eingeschlagen in Bananen- und Brotfruchtblätter – wird auf dem *umu* gegart. Die Zubereitung dauert nur rund 40 Minuten, im Gegensatz zum vierstündigen polynesischen *hangi*, bei dem als Brennmaterial frisch geschnittener Flachs in eine sehr tiefe Feuergrube geschichtet wird.

Dieser Reichtum an Zutaten, Techniken und Utensilien macht das Grillen so interessant und hat die Rezeptauswahl in diesem Buch entscheidend beeinflusst. Gleichzeitig ist gerade das Vertraute ein wichtiger Teil des Grillens. Ich bin in einem winzigen Dorf in Nordengland aufgewachsen; jedes Jahr im November blieben wir dick eingepackt bis spät in die Nacht draußen und feierten die Bonfire Night. Mein Vater kümmerte sich um das Holz und unser Nachbar, ein Bauer, brachte riesige Kartoffeln vorbei. Wir Kinder saßen geblendet vor den Flammen und warteten auf den entscheidenden Augenblick, wenn die Kartoffeln ins Feuer gelegt wurden. Ohne Folie, einfach in die Asche, in der noch ein paar rote Funken glühten. Bald darauf wurden uns die kochend heißen Köstlichkeiten mit dem weichen, cremigen, nussigen Inneren in die handschuhbewehrten Hände gelegt.

Auf diese frühen Erinnerungen folgten viele Jahre voller Grillfeste und Barbecues mit Gerichten aus der ganzen Welt. Die Rezepte in diesem Buch schöpfen aus all diesen Einflüssen und basieren auf Zutaten von guter Qualität, einigen Grundkenntnissen und einer gewissen Kreativität. In den meisten Fällen ist das Essen einfach vorzubereiten, und wenn Sie erst einmal wissen, wie Sie die Temperatur des Grillblechs und der Kohlen kontrollieren, ist auch das Grillen selbst ganz einfach. Alle hier vorgestellten Gerichte sind kräftig im Geschmack, sehen appetitlich aus und sind unkompliziert zuzubereiten. Ich hoffe, Sie haben ebenso viel Spaß am Grillen und Essen der Köstlichkeiten wie ich.

Einige Tipps und Hinweise

Grillen nach Lust und Laune

Dieses Buch soll Ihnen dabei helfen, die Zubereitung Ihrer Speisen zu planen, wenn Sie einen Grill, ein Grillblech oder aber beides verwenden möchten. In einigen Rezepten finden sich etwas ungewöhnlichere Methoden, wie das Backen direkt in der Asche oder das Garen in einer Grube am Strand.

Wenn Sie ein Menü für mehrere Gäste planen, entscheiden Sie, ob mehrere Gerichte gleichzeitig fertig sein sollen oder ob sie beim Weitergrillen gegessen werden. Es bietet sich an, mit der Zubereitung auf dem Grillblech zu beginnen, damit Sie den Hitzeschub des Grills ausnutzen können. Wenn die Kohlen etwas abgekühlt sind, können Sie dann direkt auf dem Rost weitergrillen.

Wer Gäste erwartet, möchte nicht die ganze Zeit abseits in der Küche stehen, schon gar nicht in der ersten halben Stunde, wenn die Gäste eintreffen. Einer der großen Vorteile von Grillgerichten liegt darin, dass ein Großteil der Arbeit im Voraus erledigt werden kann. Bei den Rezepten in diesem Buch bleiben Sie so flexibel wie möglich; außerdem sind die vier Kapitel nach Vorbereitungszeit gegliedert. Zuerst finden Sie Gerichte, deren Vorbereitung nicht länger dauert als das Anzünden des Feuers, also nicht mehr als 30 Minuten. Danach folgen Rezepte, für die ein wenig mehr Planung erforderlich ist, die aber immer noch relativ einfach vorzubereiten sind. Im dritten Kapitel finden Sie Rezeptideen, die etwas mehr Vorlauf brauchen, beispielsweise mit Zutaten, die über Nacht mariniert werden müssen. Im Abschlusskapitel folgen Rezepte, die nicht unbedingt eine lange Zubereitungszeit benötigen, jedoch speziellere Zutaten oder eine andere Garmethode.

Zum Spaß am Kochen gehört auch, dass die Rezepte sich abwandeln lassen und eine Zutat durch eine andere ersetzt werden kann, wenn sie nicht zur Verfügung steht. Wenn Sie beispielsweise keine Pandanusblätter zum Einwickeln von Fisch finden oder kein Stück Zuckerrohr, das Sie als Spieß verwenden können, ersetzen Sie diese einfach durch reißfeste Alufolie und normale Holzspieße. Solche Änderungen beeinflussen den Geschmack des fertigen Gerichts nicht entscheidend.

Wenn ein unerwarteter Wolkenbruch Ihr Grillfest zu ruinieren droht, setzen Sie es einfach drinnen fort. Viele Rezepte in diesem Buch können entweder auf dem Grill oder auf einem Grillblech zubereitet werden. Sie werden feststellen, dass es beim Timing keine großen Unterschiede gibt.

Ein wundervolles, entspanntes Essen ist das Ziel dieses Buches, nicht etwa absolute Perfektion. Ein letzter Rat: Die frische Luft, zusammen mit den köstlichen Düften, regt tatsächlich den Appetit an – bereiten Sie daher besser gleich die doppelte Menge zu.

An manchen Tagen macht es großen Spaß, Stunden mit der Vorbereitung eines Essens zuzubringen, an anderen ist es wichtiger, in Minutenschnelle ein Menü zu zaubern. Grillgerichte müssen nicht kompliziert sein: Erdbeer-Marshmallow-Spieße (oben links) Kartoffelspieße mit Halloumi-Scheiben (Mitte) und sogar das einfache Würstchen (oben rechts) sehen gut aus, riechen toll und schmecken gegrillt einfach fantastisch.

Grills und Grillbleche

Der richtige Grill für jede Gelegenheit

Vielleicht genügt Ihnen ein kleiner tragbarer Grill anstelle eines riesigen Gasgrills mit angebauter Ersatzküche. Wahrscheinlich ist es am besten, klein anzufangen und nach Bedarf zu expandieren.

Marke Eigenbau Improvisiertes Grillen kann äußerst vergnüglich sein. Wenn es Ihnen eher um das Ritual geht als darum, ein Feuer möglichst schnell in Gang zu bringen, ist dies für Sie das Richtige. Sie brauchen nur einen sicheren Ort, der das Feuer lange genug halten kann, dass eine Schicht heißer Glut entsteht, einen Brennstoff wie Holz oder Kohle, etwas zum Anzünden und einen Rost zum Grillen. Ein Holzfeuer ist etwa zwei Stunden nach dem Aufbau fertig zum Grillen.

Die nächste Stufe ist ein Fertigset für einen gemauerten Grill mit Bodenblech und Grillrost. Es macht großen Spaß, aus Ziegelsteinen einen dauerhaften Grillplatz zu bauen, doch muss der Ort vorher sorgfältig ausgewählt werden. Der Grill sollte keinesfalls zu nah an Häusern, Zäunen oder Bäumen stehen.

Die Wahl eines Grills Beim Besuch eines gut sortierten Fachgeschäfts werden Sie erstaunt sein, wie viele verschiedene Grills dort angeboten werden. Die Entscheidung für einen bestimmten Grill ist und bleibt jedoch eine ganz persönliche Sache.

Holzkohlengrills Es gibt drei Kategorien von Holzkohlengrills. Die erste sind die tragbaren, zu denen auch die echten japanischen *hibachi* gehören. Es handelt sich dabei um einen Feuerraum auf langen oder kurzen Beinen mit einem Bodenblech für die Kohlen und mehreren Sprossen für den Grillrost, dessen Höhe je nach benötigter Hitze variiert werden kann. An der Rückwand befindet sich ein Windschutz, der sich für den Transport wie ein Deckel umklappen lässt. Es gibt auch tragbare Grills, die sich zusammenklappen lassen und daher gut als Reisegrills geeignet sind.

Die einfachsten tragbaren Grills sind Einweggrills. Sie werden komplett mit Kohlen unter einem feinmaschigen, festen Grillrost und mit einem Grillanzünder zum einfacheren Entflammen verkauft. Diese Einweggrills können direkt auf den Boden oder in den Sand gestellt werden oder auch auf den Tisch, dessen Oberfläche dann aber durch eine separate Unterlage geschützt werden sollte. Bei einem solchen Grill ist es wichtig, das Essen ständig zu wenden, da die Hitze sich nicht kontrollieren lässt, oder Zutaten zu wählen, die schnell gar sind und nicht gewendet werden müssen.

Die zweite Kategorie von Holzkohlengrills sind Kohlenbecken. Sie haben einen offenen Feuerraum auf einem Gestell mit einem Windschutz an der Rückseite, der beim Entzünden des Feuers gute Dienste leistet.

Bevor Sie einen Grill kaufen, überlegen Sie, wo Sie ihn am ehesten nutzen werden und wie viel Grillgut Sie darauf zubereiten wollen. Kleine tragbare Grillroste und Holzkohlengrills (links oben und Mitte) eignen sich gut für romantische Ausflüge, während der Kugelgrill für Familiengrillfeste eine gute Wahl ist (oben rechts).

Gegenüberliegende Seite, im Uhrzeigersinn von links oben: Man muss beim Grillkauf kein Vermögen ausgeben. Der Grill kann alt oder neu, klein oder groß sein und vom alten afghanischen Kocher über den arabischen Lochblechgrill oder den Terrakottaofen bis zum glänzenden tragbaren Klappgrill jede beliebige Form haben. Es gibt auch Grillfässer, gedrungene Terrakottagrills und einfache Metallgrillroste (oben).

Ein weiterer Kohlenbeckentyp ist der Säulengrill. Er besteht aus glänzendem Edelstahl und sieht schön aus, muss aber mit Umsicht benutzt werden. Die Säule wird eng mit geknülltem Zeitungspapier ausgestopft, das dann die Kohlen auf einem Rost darüber entzündet. Der Boden wird dabei sehr heiß, daher ist es wichtig, den Grill auf einen ebenen, feuerfesten Untergrund zu stellen. Solche Grills gibt es auch mit motorbetriebenem Spieß.

Ein beliebter Grill in dieser Kategorie ist das gusseiserne Grillfass. Es steht auf kurzen Beinen, unten befindet sich eine kleine Schiebetür zur Entfernung der Asche. Belüftungsöffnungen beschleunigen die Verbrennung, sodass die Kohlen nach 30 Minuten grillbereit sind. Der Grillrost kann auf fünf Höhen eingestellt werden, was ein Vorteil ist bei einem Grill ohne Deckel. Wenn ein Deckel gebraucht wird – um die Hitze zu dämpfen, das Verbrennen des Grillgutes durch auflodernde Flammen zu vermeiden oder um Fisch oder Huhn zu räuchern –, können Sie aus einem umgedrehten Metallwok einen Deckel improvisieren. Holzgriffe müssen dabei über den Rand hinausragen, damit sie nicht angesengt werden. Eine kuppelförmige Haube aus reißfester Alufolie leistet ebenso gute Dienste. Beide improvisierte Deckel kommen ohne Luftlöcher aus, da die Luft weiterhin durch die Lücke zwischen Grillrost und Kohlen zirkuliert.

Die dritte Kategorie von Holzkohlengrills ist der hocheffiziente Kugelgrill. Er besteht aus emailliertem Stahl und ist in der Regel rund mit einem abnehmbaren Deckel. Feuerraum und Deckel verfügen über verstellbare Belüftungsschlitze, die Asche ist normalerweise leicht zu entfernen. Kugelgrills gibt es in den unterschiedlichsten Größen, vom winzigen tragbaren Grill bis zum Riesengrill für viele Portionen. Es gibt auch rechteckige Haubengrills mit Scharnierdeckel. Sie haben nicht immer Belüftungsschlitze am Boden, aber die Hitze lässt sich über die Höhe des Grillrostes regulieren.

Der Hauptvorteil des Kugelgrills: Sowohl direktes (unmittelbar über den Kohlen) als auch indirektes Garen (über einer Fettschale, die Kohlen werden dafür etwas zur Seite geschoben) ist unter dem geschlossenen Deckel problemlos möglich. Der Deckel und der Boden reflektieren die Hitze gleichmäßig, sodass das Grillgut rundum eine goldbraune Färbung annimmt und wie in einer Rotisserie gleichmäßig gart. Der Vorgang ähnelt dem Garen im Ofen und ist ideal für große Stücke mit langer Garzeit. Das Grillgut muss dabei nicht gewendet werden. Beim direkten Grillen sorgt der Deckel dafür, dass auflodernde Flammen sofort erstickt werden.

In den Bedienungsanleitungen für Kugelgrills wird grundsätzlich empfohlen, die Kohlen mittels der speziellen mitgelieferten Halterungen an den Seiten der Kohlenschale aufzuschichten, damit eine Fettschale in die Mitte gestellt werden kann. Ich empfehle jedoch, die Kohlen nach dem Durchglühen komplett auf eine Seite zu schieben und so eine ebene Fläche für die Fettschale frei zu machen. Das erleichtert nicht nur das direkte und indirekte Grillen innerhalb eines Rezeptes, sondern es können auch große Stücke wie ein ganzes Huhn oder ein großes Stück Lamm auf eine Seite des Grillrostes gelegt werden, während die Seite über den Kohlen für kleinere Stücke wie Fleischspieße oder Meeresfrüchte frei bleibt.

Gas- und Elektrogrills

Beide Typen sind effizient und einfach zu benutzen, da sie sich mit einem Knopfdruck einschalten lassen. Gasgrills verleihen dem Grillgut durch Fett und Garsäfte, die auf Keramiksteine, heiße Lavasteine oder emaillierte Stahlstäbe tropfen, ebenfalls ein authentisches Grillaroma. Wenn Sie einen Gasgrill kaufen möchten, sehen Sie ihn sich am besten zuerst aufgebaut an und vergewissern Sie sich, dass die Gasbehälter einfach anzuschließen und zu entfernen sind. Erkundigen Sie sich nach dem Gasverbrauch – hier gibt es beträchtliche Unterschiede.

Elektrogrills werden durch ein elektrisches Element am Grillboden erhitzt und sind in der Regel als Tischgrill erhältlich; es wird jedoch auch eine Reihe von größeren Standversionen angeboten.

Ungewöhnliche Grills Unter den vielen ausgefallenen Grills finden sich winzige Terrakottaöfen, in denen nicht nur gebacken und gegrillt werden kann, sondern die sich auch zusammen mit einem Wok benutzen lassen. Ein weiteres beliebtes Modell ist der schwere gusseiserne Grill, dessen Feuerschale sich in eine vertikale Position schwenken lässt.

Kamingrills aus Mauersteinen oder Terrakotta werden immer beliebter, obwohl sie über eine relativ kleine Fläche für Feuer und Grillrost verfügen. Massive gemauerte Kamine haben einen eingebauten Kamin und werden vor Ort zusammengesetzt.

Exotische und ausgefallene Grills wie mein arabischer Fleischspießgrill aus Lochblech tauchen bisweilen in Ethnoläden auf; interessante Funde macht man aber auch in Antiquitätenläden.

Auswahl und Verwendung eines Grillblechs Grillbleche sind in verschiedenen Größen und Ausführungen erhältlich und von unschätzbarem Wert für das Grillen im Haus. Sie können aber auch gut auf dem Grillrost verwendet werden. Hier sind sie ideal für leicht zerfallendes oder kleines Grillgut.

Die besten Grillbleche sind aus massivem Gusseisen, einige haben auch einen klappbaren Metallgriff. Sie können auf dem Herd, auf dem Grill und im Ofen verwendet werden. Bei einigen Herden wird eine flache geriffelte Grillpfanne mitgeliefert, die genau auf einen Brenner in der Mitte des Kochfeldes passt. Die Pfanne wird über ihre ganze Fläche erhitzt und bietet so eine große Garfläche.

Es ist wichtig, dass das Grillblech sehr heiß und ganz trocken ist, bevor das Grillgut darauf gelegt wird. Spritzen Sie probeweise ein paar Tropfen Wasser auf das Blech; diese sollten sofort verdampfen.

Ölen Sie das Grillgut ein, nicht das Blech, und tupfen Sie überschüssige Marinade mit Küchenpapier ab. Wenn Sie sparsam mit dem Öl umgehen, ist das Grillen auf dem Blech eine gesunde Garmethode. Sobald das Grillgut angebraten ist, reduzieren Sie die Hitze, damit es nicht verkohlt.

Grillwerkzeuge

Auf die richtigen Utensilien kommt es an

Gegenüberliegende Seite, im Uhrzeigersinn von links oben: Grillzubehör kann so einfach oder raffiniert sein, wie Sie es wünschen. Pfannenwender und Kellen sind unverzichtbar, große Schüsseln eignen sich bestens zum Einweichen, beispielsweise von Zuckerrohrspießen, und Pfannen in verschiedenen Größen sind immer nützlich. Ein Pizzaheber mit langem Stiel ist erstaunlich praktisch, Rosmarin gibt einen wunderbaren Grillpinsel ab und Sardinen werden im eigenen klappbaren Doppelrost perfekt gar. Einfache Haushaltsgegenstände wie Marmeladengläser, Pinsel und kleine Schüsseln (Mitte) sind ebenfalls nützlich. Unten: Einweichen von Hackspänen vor ihrem Einsatz auf dem Feuer.

Grillbesteck Alle Teile sollten lange Griffe haben und einfach zu benutzen sein. Zwei Grillzangen sind ideal: eine zum Verteilen und Aussortieren der Kohlen und die andere zum Wenden und Bewegen des Grillguts. Ein breiter Pfannenwender ist unverzichtbar, um flaches Grillgut wie Steaks zu wenden. Ein unkonventionelles, aber nützliches Grillbesteck ist ein Pizzaheber. Er eignet sich perfekt zum Bewegen größerer Stücke wie Fische und Bananenblattpäckchen. Vermeiden Sie den Einsatz von Gabeln; diese verletzen empfindliches Grillgut und lassen den Garsaft auf die Kohlen tropfen.

Spieße Eine Reihe von Spießen in verschiedenen Dicken und Längen sowie Cocktailstäbe (Zahnstocher) sind unerlässlich. Spieße aus Holz und Bambus müssen vor dem Gebrauch 30 Minuten in kaltem Wasser eingeweicht werden, damit sie nicht zu schnell ansengen. Spieße lassen sich ganz einfach aus gründlich gewaschenen Rosmarin-, Apfel-, Kirsch- oder Birnenzweigen herstellen; auch Zuckerrohrstücke eignen sich hervorragend. Zuckerrohr können Sie in Asialäden o.ä. oder auf manchen Märkten kaufen; halbieren Sie es vorsichtig der Länge nach mit einem Hackbeil oder einem Kochmesser, teilen Sie die Hälften in 1 cm breite Streifen und weichen Sie diese etwa eine Stunde vor dem Gebrauch ein.

Tabletts, Schüsseln, Roste und Gestelle Halten Sie Metalltabletts bereit, um Grillgut zum Grill zu transportieren; verwenden Sie dabei getrennte Tabletts für rohe und gegarte Lebensmittel. Zum Marinieren oder Salzen brauchen Sie flache, rostfreie Schüsseln und Schalen (verwenden Sie keine aus Aluminium oder Metall, da sie mit der Säure in der Marinade reagieren). Sie sollten groß genug sein, um das Grillgut in einer Schicht darin auslegen zu können. Lange, flache Schüsseln sind auch praktisch zum Einweichen von Holzspießen.

Klappbare Doppelroste aus Drahtgeflecht, die das Grillgut komplett umschließen, sind nützlich für kleine Stücke wie Chipolata-Würstchen und Burger, da sie zusammen mit dem Inhalt gewendet werden. Klappbare Fischgitter sorgen dafür, dass kleine Fische und Filets beim Wenden intakt bleiben. Es gibt auch größere für Fische wie Seebarsch, Makrele oder Forelle, die im Ganzen gegrillt werden. Gelochte Grillkörbe eignen sich hervorragend zum Grillen von kleinem oder in dünne Scheiben geschnittenem Gemüse.

Fettschalen und Alufolie Beim Garen mit indirekter Hitze braucht man unbedingt Fettschalen, die unter das Grillgut gestellt werden, um die Garsäfte aufzufangen. Sie können Einwegschalen aus Aluminium kaufen. Wenn Sie gut an den Saft in der Fettschale herankommen, begießen Sie das Grillgut während des Garens damit oder träufeln Sie es vor dem Servieren über das fertige Gericht. Sie werden selbst beurteilen können, ob sich der Saft für diesen Zweck eignet. Wenn Fleisch lange gegart wurde und nur eine trübe Fettbrühe übrig bleibt, schütten Sie sie weg. Oft hat der Garsaft aber einen hervorragenden Geschmack und kann gut als Sauce verwendet werden.

Sorgen Sie für einen ausreichenden Vorrat an normaler und reißfester Alufolie. Wenn Ihr Grill keinen Deckel hat, können Sie einen aus reißfester Alufolie herstellen oder den Deckel Ihres Woks verwenden.

Pinsel Ein Grillpinsel mit langem Stiel ist sehr nützlich. Kräuterpinsel aus zusammengebundenen Thymian-, Lorbeer-, Rosmarin-, Bohnenkraut- oder Salbeizweigen eignen sich besonders gut zum Bepinseln. Legen Sie sie dazu einige Stunden vorher in Öl ein.

Anderes Zubehör Sie brauchen außerdem Küchenpapier, Schnur (Bindfaden), Raffiabast und lange Streichhölzer.

Den Grill anheizen

Nur Übung macht den Meister

Alle Arten von Holz können als Brennstoff für einen Grill verwendet werden, einschließlich mit Rinde umwickelter Bambusstücke (unten links) und Rebenstücke (Mitte) die beim Verbrennen ihr Aroma freisetzen. Fettschalen (unten rechts) sind unverzichtbar, um das Auflodern der heißen Kohlen durch heruntertropfenden Fleischsaft zu vermeiden.

Brennstoff

Verwenden Sie zum Anzünden Laubholz wie Eiche, Apfel, Buche, Ulme, Weißbuche, Kirsche, Birne oder Pflaume. Vermeiden Sie Nadelhölzer, besonders Kiefer, weil sie harzige Rückstände abgeben, die das Grillgut bitter machen. Wacholder ist eine Ausnahme; er verleiht dem Grillgut ein angenehmes Aroma.

Als Hauptbrennstoff eignen sich verschiedene Materialien. Holzscheite brennen nicht so lange wie Laubholzkohle oder Briketts. Holzkohle, für die Holz in einem Trockenofen verkohlt wird, ist ideal für offene Öfen und tragbare Grills.

Briketts werden aus Kohlepartikeln und einem Bindemittel hergestellt und in einheitlich große Stücke gepresst. Sie brennen meist länger als Holzkohlestücke.

Verwenden Sie nur Briketts und Holzkohle aus nachhaltiger Holzwirtschaft. Achten Sie beim Kauf darauf, dass die Informationen auf der Packung garantieren, dass zur Herstellung der Kohle kein Tropenholz verwendet wurde.

Grillanzünder

Geruchlose, würfelförmige Grillanzünder (keine Kaminanzünder) werden ohne Paraffin hergestellt und hinterlassen keine Rückstände auf dem Grillgut. Zwei Würfel, in Hälften gebrochen und zwischen die nicht angezündeten Kohlen oder das Zeitungspapier unter einen Anzündkamin gelegt, reichen für einen durchschnittlich großen Grill. Sie können auch Anzündgels oder -pasten verwenden. Diese bestehen zu 100 Prozent aus pflanzlichen Materialien und funktionieren recht zuverlässig, wenn sie auf die Kohlen gedrückt und mit einem langen Streichholz entzündet werden. Wenn Sie unbedingt Anzündflüssigkeit benutzen möchten, befolgen Sie sorgfältig die Anweisungen und schließen Sie sie nach Gebrauch gut weg.

Die richtige Hitze

Ein durchschnittlicher Gasgrill ist nach etwa 15 Minuten einsatzbereit. Kohlen brauchen etwas länger; das Grillen kann 30–45 Minuten nach dem Anzünden beginnen. Es liegt eine gewisse Kunst im Anzünden eines Holzkohlengrills. Die richtige Menge Kohlen können Sie mit ein wenig Erfahrung bald selbst abschätzen. Als grobe Richtlinie lässt sich sagen, dass einige Schichten Holzkohle oder eine einzelne, eng gelegte Schicht Briketts auf dem Kohlenrost genügend Hitze abgeben, um den Grill 1–1½ Stunden zu betreiben. Häufen Sie die Kohlen in der Mitte an und legen Sie Zeitungspapier und evtl. Zweige oder ein bis zwei Grillanzünder als Anzündmaterial darunter.

Wenn Sie sich in der Menge geirrt haben und im Grill ein großer Haufen extrem heißer Kohlen liegt, mildern Sie diese Höllenglut etwas ab, indem Sie entweder ein Grillblech auf den Rost legen oder das Grillgut in eine doppelte Lage reißfester Aluminiumfolie einwickeln. Eine Ausnahme bildet der Spießbraten – er braucht hohe Temperaturen, damit das Fleisch beim Drehen schön kross wird.

Es ist nicht schwierig, die Temperatur eines Feuers anhand seines Aussehens zu schätzen. Sehr heiße Holzkohle und auch Briketts glühen rot und sind mit einer feinen Schicht weißer oder grauer Asche bedeckt. Bei dieser Temperatur kann dünnes Grillgut rasch verkohlen, sie eignet sich am besten für das Grillen von Steaks. Wenn die Temperatur fällt, wird die Ascheschicht auf den Kohlen etwas dicker und es sind nur noch vereinzelte rote Glutpunkte zu sehen. Das ist die richtige Temperatur für den Großteil des Grillguts.

Temperatur ändern

Die Grilltemperatur kann während des Grillens ein wenig beeinflusst werden. Um sie zu erhöhen, bewegen Sie die Kohlen, damit die Asche abfällt, und häufen Sie sie wieder in der Mitte des Feuerraums an. Wenn das Feuer zu heiß ist, verteilen Sie die Kohlen vorsichtig und schließen Sie für einige Minuten die Belüftungsschlitze am Boden, falls vorhanden. Wenn der Grill einen Deckel hat, setzen Sie ihn mit geschlossenen Belüftungsschlitzen auf den Grill, um die Temperatur rasch zu senken.

Eine weitere Methode, die Temperatur zu regeln, sobald die Kohlen mit einer Ascheschicht überzogen sind, besteht darin, den Grillrost höher oder niedriger zu hängen. Das funktioniert jedoch nicht bei rot glühenden Kohlen, die ungeschütztes Grillgut in jedem Abstand sehr schnell verkohlen. Wenn Sie nicht warten können, bis die Kohlen abgekühlt sind, schieben Sie sie beiseite, stellen Sie eine Fettschale in die Mitte und grillen Sie mit indirekter Hitze unter einem Deckel.

Wenn Sie wissen, dass Sie irgendwann während des Grillens Kohlen bewegen oder auf eine Seite schieben müssen, fangen Sie am besten mit wenigen Kohlen auf jeder Seite oder auf der Seite an, zu der sie geschoben werden sollen. Verwenden Sie dazu lieber Briketts als Holzkohle, da sie sich einfacher bewegen lassen. Wenn der Grill am Boden über Belüftungsschlitze verfügt, vergessen Sie nicht, diese immer erst zu schließen, bevor Sie die Kohlen bewegen. Und öffnen Sie sie wieder, wenn die Kohlen schließlich am richtigen Platz liegen.

Eine einfache und sichere Methode, das Feuer in einem Holzkohlengrill in Gang zu setzen, ist der Anzündkamin, ein röhrenförmiges Metallstück mit Luftlöchern an den Seiten. Zuerst wird er mit einer Schicht Zeitungspapier befüllt (unten links) und darüber kommen dann die Kohlen. Beim Anzünden mit einem langen Streichholz (Mitte) entzündet das Zeitungspapier die Kohlen, die rasch und gleichmäßig durchglühen. Wenn die obersten Kohlen sich mit einer Ascheschicht überziehen, wird der Anzündkamin entfernt und die heißen Kohlen werden gleichmäßig auf dem Kohlenrost verteilt.

Sorgfältig ausgewählte Zutaten

Nur die besten Zutaten garantieren wahren Genuss

Gegenüberliegende Seite, im Uhrzeigersinn von oben links: Zum Grillen eignen sich Zutaten aus aller Welt, die sich dekorativ servieren lassen, z. B. Romano-Paprika, breite Bohnen in der Schote, pikante Butter, Kalamata-Oliven, einfache Bloody Marys, Schnittlauch mit Blüten, Kaisergranat, Pandanus- und Bananenblätter und gegrilltes Sfilatino-Brot (Mitte). Unten: Parfümierte Fingerschalen – Wasser mit Zitrusscheiben, Teeblättern und Blütenessenzen wie Rose. Mit schwimmenden Blütenblättern verzieren.

Verwenden Sie möglichst immer ökologisch erzeugte Lebensmittel und kaufen Sie sie auf Wochenmärkten oder in entsprechenden Fachgeschäften. Wenn Sie über genug Zeit und Platz verfügen, können Sie Rauke (Rucola), Fenchel, Kräuter, Tomaten und verschiedene essbare Blumen selbst anbauen – schon ein paar Töpfe auf der Terrasse liefern Ihnen frische Zutaten.

Supermärkte bieten heutzutage eine unglaubliche Auswahl an Lebensmitteln an. Kaufen Sie die Zutaten möglichst immer frisch und vermeiden Sie tiefgefrorene, schon angetaute Fische und Schalentiere – sie haben dadurch bereits ihre natürlichen Säfte und damit auch ihren Geschmack verloren. Lassen Sie auch bei der Wahl von Fleisch Vorsicht walten – selbst Biofleisch kann am Tag zuvor aufgeschnitten worden sein.

Spezielle Zutaten

Eine gut sortierte Vorratskammer erleichtert spontane Grillfeste ungemein. Gutes Olivenöl und Chiliöl, verschiedene Sorten Essig und Saucen wie Tamari und mexikanische Tomatensauce sollten Sie immer im Regal haben, ebenso Gewürzmischungen wie Ras el hanout. Chipotles in adobo (Chilis in Sauce) und japanischer Wasabi, ähnlich unserem Meerrettich, geben pikante Würzen ab, getrocknete Kombu-Algen, Arame-Seetang und Bonito-Fischspäne sind nährstoffreich und verleihen den Speisen eine ganz spezielle Note.

Halten Sie beim Einkauf von Kräutern und Gewürzen das Auge offen für Ungewöhnliches wie australische Anismyrte, mexikanischen Oregano, gemahlenen Sumach und getrocknete ungespritzte Rosenblütenblätter: All dies verleiht Grillgerichten einen einzigartigen Geschmack. Bananen- und Pandanusblätter zum Einwickeln sind in Asialäden erhältlich. Dort finden Sie manchmal auch in Bambus- und Bananenblätter gewickelten gekochten Reis, eine praktische Beilage, die Sie nur in Alufolie wickeln und über den Kohlen erwärmen müssen.

Brot

Fladenbrote aus dem Nahen Osten eignen sich hervorragend zum Einwickeln von gegrillten Speisen und zum Rösten auf dem Grill. Bewahren Sie einen Vorrat an Brotsorten wie chinesische Pfannkuchen, Tortilla-Fladen aus Mais und Weizen oder Ciabatta in der Tiefkühltruhe auf.

Gute Zutaten einfach einsetzen

Es gibt viele Möglichkeiten, gute Zutaten schnell und einfach so zuzubereiten, dass sie als Appetithäppchen vor der Mahlzeit oder als Beilagen serviert werden können.

Ein Salat lässt sich aus fast jedem Kopfsalat herstellen; besonders schmackhaft sind jedoch Mizuna (japanischer Blattkohl) und Rucola, die beide eine schöne Senfnote ins Spiel bringen. Verfeinern Sie ein einfaches Salatdressing mit etwas Estragonsenf, gehacktem Knoblauch oder Chili.

Einige Marinaden passen zu fast jedem Gericht. Eine schlichte Mischung aus Zitrone, nativem Olivenöl extra und Knoblauch verleiht dem Grillgut einen wunderbaren Geschmack.

Reichen Sie zu gegrilltem Brot, Gemüse oder Fleisch und Fisch vom Holzkohlengrill pikante Buttersorten. Mischen Sie dazu gehackte Kräuter und etwas Knoblauch unter oder rühren Sie fein gehackte Oliven mit einem Spritzer Zitronensaft unter die weiche Butter. Füllen Sie die Mischungen in kleine Schüsseln und kühlen Sie sie bis zum Servieren.

Stellen Sie Schalen mit Käsewürfeln, Oliven, Kapern und sonnengetrockneten Tomaten in Öl auf. Junge Rettiche, erst in weiche Butter und dann in Salz gedippt, ergeben die klassische französische Knabberei *radis au beurre*. Olivenöl, mit gehackten Kräutern und Knoblauch verfeinert, lässt sich ebenfalls hervorragend mit Brot dippen.

Kaufen Sie etwas frisch zubereiteten Hummus, beträufeln Sie ihn mit Olivenöl und bestäuben Sie ihn mit Paprika. Mit libanesischem Fladenbrot serviert, wird daraus ein toller Snack.

Grilltechniken

Die Vorarbeit ist das A und O für gutes Gelingen

Organisation ist in der Küche immer wichtig, besonders aber, wenn draußen gearbeitet wird. Schließlich muss alles grillfertig bereitstehen, sobald das Feuer die richtige Temperatur erreicht. Zerkleinern, Marinieren, Füllen und Aufspießen kann im Voraus erledigt werden, um Hektik in letzter Minute zu vermeiden.

Vorbereitungen Marinaden machen das Grillgut zart und verleihen ihm einen speziellen Geschmack, außerdem bleibt es während des Grillens saftig. Vermeiden Sie übermäßigen Gebrauch von Sojasauce, Wein oder Essig. Beim Vorbereiten von Grillgut sollten Sie Rindfleisch oder Huhn nicht in Wein marinieren, da dieses Fleisch so schnell gar ist, dass der Wein nicht verdampft.

Joghurt ist ein ausgezeichneter Zartmacher, ebenso die Säfte von Kiwi, Papaya, Zitrusfrüchten wie Zitronen und Limetten sowie Ingwer.

Das Salzen ist wichtig für den Geschmack von gegrilltem Fleisch, Fisch oder Gemüse. Es sollte aber nicht zu früh erfolgen, da das Salz die Feuchtigkeit aus dem Grillgut zieht und Fleisch und Fisch zäh macht. Fleisch wird ca. 30 Minuten vor dem Grillen gesalzen, Fisch und Gemüse ca. 15 Minuten. Auch alles, was lange mariniert werden muss, sollte in diesen Zeiten vor dem Grillen gesalzen werden.

Das Auftauen von Meeresfrüchten sollte so kurz wie möglich vor dem Grillen geschehen. Der optimale Zeitpunkt zum Grillen von Jakobsmuscheln und Garnelen ist unmittelbar nach dem Auftauen.

Grillen Das Geheimnis erfolgreichen Grillens besteht darin, das Grillgut gerade lange genug auf dem Grill zu lassen, bis die Hitze ins Innere vorgedrungen ist, ohne das Äußere zu übergaren. Um ihm die typisch rauchige Karamellnote zu verleihen, grillen Sie es ganz kurz bei sehr großer Hitze. Lassen Sie ein großes Stück Fleisch nie zu lange über großer Hitze liegen, sonst tritt der Saft an der Oberfläche aus und bildet eine dicke, schwarze Kruste.

Sobald es angebraten und goldbraun gefärbt ist, schieben Sie das Grillgut in der verbleibenden Garzeit häufig zwischen kühleren und heißeren Bereichen des Grills hin und her oder legen Sie einen Deckel darüber, um es gleichmäßig zu garen. Besonders wichtig ist dies bei Fleisch und Gemüse; es gilt aber auch für Fisch, dessen Haut auf diese Weise einen schönen Goldglanz bekommt.

Vor dem Servieren Lassen Sie Fleisch und Fisch vor dem Aufschneiden oder Servieren noch eine Weile ohne Hitze ruhen. Beides gart ohnehin noch ein wenig, und Fleisch braucht etwas Ruhezeit, damit sich die Säfte setzen können.

Der große Vorteil am Grillen ist, dass viel Arbeit im Voraus erledigt werden kann, beispielsweise das Marinieren und Salzen von Fleisch und Fisch (oben links und Mitte). Lassen Sie Fleisch vor dem Servieren ruhen, damit die Säfte Zeit haben, sich zu setzen (oben rechts).

Sicherheitsmaßnahmen Nehmen Sie das Entzünden des Grillfeuers nicht zum Anlass, Abfälle wie Grillanzünderschachteln oder alte Kohletüten zu verbrennen.

Stellen Sie den Grill auf einen ebenen Untergrund in ausreichender Entfernung von überhängenden Bäumen und Zäunen. Lassen Sie den brennenden Grill niemals unbeaufsichtigt und halten Sie kleine Kinder und Haustiere in sicherem Abstand.

Stellen Sie für größere Missgeschicke einen Eimer mit Sand bereit. Ersticken Sie kleinere auflodernde Flammen mit etwas Wasser. Um das Aufflackern zu vermeiden, ölen Sie den Grillrost etwas ein, bevor Sie ihn über die Kohlen hängen, und legen Sie das Grillgut erst darauf, wenn er sehr heiß ist.

Bewahren Sie das Grillgut bis zum Grillen abgedeckt an einem kühlen Ort auf. Vermeiden Sie Kreuzkontamination, indem Sie rohes und gegartes Grillgut getrennt lagern. Wenn Sie eine Marinade auf das Grillgut pinseln, stellen Sie vor dem Servieren sicher, dass der letzte Aufstrich durchgegart ist.

Benutzen Sie beim Wenden von Grillgut Grillwerkzeug mit langen Griffen und tragen Sie hitzebeständige Handschuhe.

Vergewissern Sie sich, dass das Grillgut vollkommen durchgegart ist. Ein Bratenthermometer mit einer Sonde eignet sich gut für große oder ungeschnittene Fleischstücke. Sie können den Garzustand aber auch mit einem Spieß prüfen; wenn der austretende Saft klar bleibt, ist das Essen gar.

Gießen Sie niemals Anzündflüssigkeit auf ein Feuer, weil Sie glauben, es sei erloschen – vielleicht ruht es nur; das Übergießen mit Anzündflüssigkeit kann zu einer Explosion führen. Die Kohlen anzublasen, bringt das Feuer normalerweise wieder in Gang.

Löschen Sie die Kohlen nach dem Grillen nicht mit Wasser, das könnte dem Boden des Grills irreparablen Schaden zufügen. Decken Sie den Grill stattdessen mit dem Deckel ab und schließen Sie die Belüftungsschlitze oder verteilen Sie die Glut und lassen Sie sie von selbst erkalten.

Reinigen Nehmen Sie sich die Zeit, den Feuerraum des Grills nach jedem Gebrauch zu leeren und zu reinigen. Entfernen Sie mit einer harten Drahtbürste groben Schmutz vom Grillrost und waschen Sie diesen regelmäßig ab. Ansonsten finden sich auf dem Grillgut schwarze Rußlinien statt der gewünschten hellgoldenen Streifen.

Aus demselben Grund muss ein Grillblech nach jedem Gebrauch gründlich gereinigt werden. Wenn es vollkommen erkaltet ist, lösen Sie verkohlte Speisereste mit einer starken Drahtbürste. Waschen Sie das Grillblech anschließend in reichlich heißem Spülwasser ab. Legen Sie niemals ein Blech direkt vom Herd oder Grill in Wasser, sonst könnte unter Umständen das Gusseisen springen. Trocknen Sie das Blech gut ab und ölen Sie es ganz dünn ein, bevor Sie es bis zum nächsten Grillabend wegräumen.

Fisch von guter Qualität, wie dieser Sashimi-Thunfisch (oben links), ist schon nach kurzem Angrillen über großer Hitze gar. Wird er zu lange auf dem Grill gelassen, übergart er. Beim Garen von Fisch wie diesem Lachs (Mitte) machen Sie die Garprobe, indem Sie mit dem Spieß kleine Stücke abblättern. Wenn Sie am See- oder Flussufer grillen (oben rechts), übergießen Sie alle verstreuten Glutstückchen mit Wasser, damit niemand unfreiwillig über glühende Kohlen geht.

Im Nu fertig

Im Nu fertig

Nutzen Sie die Zeit, bis die Kohlen heiß sind, um diese herrlichen Speisen vorzubereiten

Schnelle Gerichte wie eine 30-Minuten-Marinade oder solche, die sich rasch zubereiten lassen, während der Wein entkorkt wird – das ist die Grundlage dieses Kapitels. Alle Speisen sind schnell und einfach vorzubereiten und bestehen aus wenigen Zutaten. Einige Arbeitsschritte können, müssen aber nicht im Voraus erledigt werden. Heißgeräucherter Lachs mit Mango und Ananas klingt äußerst raffiniert, er ist aber alles andere als kompliziert zuzubereiten. Wenn Sie die Vorbereitungen abgeschlossen haben, hat auch die Kohle die richtige Temperatur erreicht und das Grillen kann beginnen. Spontaneität ist der Schlüssel zum Erfolg bei diesen Gerichten, von denen sich viele hervorragend als Snacks oder Appetithäppchen eignen – ein gelungener Auftakt zu den Hauptgerichten.

Geröstetes Sfilatino-Brot
mit aromatischen Tomaten

Mit dieser Vorspeise halten Sie beim Warten auf das Hauptgericht den Hunger im Zaum. Sobald der Grill heiß ist, einfach die Brotscheiben grillen, die Sauce großzügig darauf verteilen und mit viel gutem nativem Olivenöl extra beträufeln. Als Beilage Pinienkerne in einer Pfanne über dem Grill leicht rösten und in kleinen Schalen reichen.

Für 6 Personen

2 Sfilatini (italienische Brotstangen), längs gedrittelt

1 Knoblauchzehe, halbiert

Blätter von 4 frischen Oreganozweigen

18 Kalamata-Oliven, in Stücken vom Stein abgetrennt

Natives Olivenöl extra zum Beträufeln

Gemahlener schwarzer Pfeffer

Für die aromatischen Tomaten

800 g reife Flaschentomaten

2 EL natives Olivenöl extra

2 Knoblauchzehen, mit einer Prise Salz zu einer Paste zerstoßen

1 kleines Stück getrocknete Chilischote, Samen entfernt und fein gehackt

Grill anheizen. Tomaten 30 Sekunden in kochendes Wasser tauchen, in kaltem Wasser abschrecken. Tomaten häuten, entkernen und Fleisch grob hacken. Öl und Knoblauchpaste in einer großen Pfanne mischen und auf großer Hitze auf den Herd stellen. Sobald der Knoblauch beginnt, Farbe zu nehmen, Tomaten und Chili zufügen; Knoblauch dabei nicht anbrennen lassen. 2 Minuten dünsten. Danach soll die Flüssigkeit verdampft, die Tomaten jedoch nicht zu einem Brei zerkocht sein; sie sollen ihre Form behalten.

Sobald die Flammen erloschen sind, einen leicht geölten Grillrost über den heißen Kohlen erhitzen. Wenn die Kohlen eine mittlere Temperatur erreicht bzw. sich mit einer mitteldicken Ascheschicht überzogen haben, Brot von beiden Seiten rösten. Jede Scheibe großzügig mit der Schnittseite der halbierten Knoblauchzehe einreiben.

Das Brot kann auch in einer heißen Grillpfanne geröstet werden. Dabei mit einem Pfannenwender festdrücken, um die hübschen Streifen zu erzielen.

Einige Oreganoblätter beiseite legen, die übrigen Blätter grob hacken und unter die Tomatensauce mischen. Mischung auf das geröstete Brot häufen, die ganzen Oreganoblätter und die Olivenstücke darüber verteilen. Mit Pfeffer bestreuen, großzügig mit Olivenöl beträufeln und sofort servieren.

Kefalotyri-Würfel
mit Lorbeerblättern am Spieß

Besonders köstlich mit einem gut gekühlten harzigen Wein, Oliven, fruchtigem Olivenöl und kräftigem Brot zum Dippen. Die Spieße sind rasch gar und geben ideale Appetithäppchen für viele Gäste ab. Die Zitronen- und Lorbeerblätter harmonieren perfekt mit dem harten, salzigen Käse.

Für 6 Personen

18 große Lorbeerblätter oder gemischte Lorbeer- und Zitronenblätter

275 g Kefalotyri- oder Kasseri-Käse, in 18 Würfel geschnitten

4 TL natives Olivenöl extra

Gemahlener schwarzer Pfeffer

18 kurze Holzspieße

Holzspieße 30 Minuten lang in kaltem Wasser einweichen. Lorbeer- und/oder Zitronenblätter ebenfalls ins Wasser legen, damit sie auf dem Grillblech nicht versengen.

Käsewürfel in eine flache Schale legen, in der die Holzspieße Platz haben. Mit Olivenöl übergießen, mit etwas Pfeffer bestreuen und wenden. Holzspieße abtropfen lassen, Käsewürfel und abgetropfte Lorbeer- und/oder Zitronenblätter aufspießen. Käsespieße in das Öl legen.

Grillblech erhitzen, bis darauf geträufelte Wassertropfen sofort verdampfen. Hitze etwas reduzieren und Spieße gleichmäßig auf dem Grillblech verteilen. Von jeder Seite etwa 5 Sekunden grillen, bis sich auf den Käsewürfel goldbraune Linien zeigen und der Käse gerade beginnt zu schmelzen. Sofort servieren.

Für 6 Personen

30 rohe Riesengarnelen (Jumbo Shrimps), ausgelöst, die Köpfe entfernt, aber mit Schwänzen

1 EL Sonnenblumenöl

Meersalz

30 Holzspieße

Für den Chili-Himbeer-Dip

2 EL Himbeeressig

1 EL Zucker

125 g Himbeeren

1 großer, frischer roter Chili, Samen entfernt und fein gehackt

Garnelen-Spießchen mit Chili-Himbeer-Dip

Der Erfolg dieses Gerichts hängt von der Qualität der Garnelen ab. Es lohnt sich also, Tiere von feinstem Geschmack und schöner Konsistenz zu kaufen. Ein fruchtiger, leicht scharfer Dip ist eine köstliche Beilage.

Grill anheizen. Spieße 30 Minuten lang in kaltem Wasser einweichen. Für den Dip Essig und Zucker in einer Pfanne mischen und unter Rühren langsam erhitzen, bis sich der Zucker aufgelöst hat. Himbeeren zufügen.

Wenn der Himbeersaft austritt, Mischung über einer Schüssel in ein Sieb schütten. Himbeeren mit dem Rücken einer Schöpfkelle durch das Sieb drücken, Samen wegwerfen. Chili unterrühren. Wenn der Dip abgekühlt ist, abdecken und bis zum Verzehr kühl stellen.

Garnelen einzeln entlang der Rückenrundung wie zum Ausnehmen einschneiden und wie einen Schmetterling aufklappen. Den dunklen Darmfaden mit Küchenpapier entfernen.

Öl in einer Schüssel mit etwas Meersalz mischen. Garnelen im Öl wenden und mit der Kopfseite voran auf die abgetropften Spieße stecken. Sobald die Flammen erloschen sind, einen leicht geölten Grillrost über den heißen Kohlen erhitzen. Wenn die Kohlen etwas abgekühlt sind bzw. sich mit einer feinen Ascheschicht überzogen haben, Garnelen je nach Größe etwa 5 Minuten grillen, dabei einmal wenden. Heiß mit dem Dip servieren.

Diese Minispießchen schmecken auch köstlich mit einem kräftigen Chili-Mango-Dip. Dazu statt der Himbeeren eine große, reife Mango verwenden.

Venus- und Miesmuscheln im Bananenblatt

Diese hübschen, mit Raffiabast verschnürten Pakete können entweder gleich nach dem Vorbereiten gegrillt oder bis zu 30 Minuten gekühlt aufbewahrt werden. Das verschafft dem Koch eine kleine Verschnaufpause, bevor es richtig losgeht. Aus Bananenblättern lassen sich niedliche kleine Pakete wickeln, es geht aber genauso gut mit doppelt gelegter Alufolie.

Für 6 Personen

1 EL Olivenöl

1 große Zwiebel, fein gehackt

2 Knoblauchzehen, zerdrückt

¼ TL Safranfäden

4 EL Noilly Prat oder ein anderer trockener Wermut

2 EL Wasser

2 EL gehackte frische glatte Petersilie

500 g Venusmuscheln, gebürstet

900 g Miesmuscheln, geputzt

6 Bananenblätter

Salz und gemahlener schwarzer Pfeffer

Raffiabast zum Schnüren

Stangenbrot zum Servieren

Öl in einer Pfanne erhitzen und gehackte Zwiebel und Knoblauch mit den Safranfäden zufügen. Auf kleiner Flamme 4 Minuten dünsten. Wermut und Wasser zugießen, Temperatur erhöhen und 2 Minuten köcheln lassen. Petersilie hinzugeben und mit Salz und Pfeffer abschmecken. In eine Schüssel umfüllen und vollständig abkühlen lassen.

Auf die Schalen der Venus- und Miesmuscheln klopfen und alle wegwerfen, die offen bleiben. Muscheln mit der Zwiebelmischung vermengen. Harten Rand der Bananenblätter abschneiden und wegwerfen. Blätter längs halbieren, 10 Minuten in heißem Wasser einweichen und abtropfen lassen. Eventuelle weiße Rückstände von den Blättern wischen, Blätter abspülen und mit kochendem Wasser übergießen, bis sie weich werden.

Ein Stück Bananenblatt mit der glatten Seite nach oben auf ein Stück Alufolie legen. Ein weiteres Blattstück quer obenauf legen, sodass die beiden Stücke ein Kreuz bilden. Die Blätter können noch etwas nass sein – es ist wichtiger, die Blätter in diesem Stadium rasch zu verarbeiten, solange sie weich und leicht zu falten sind.

Ein Sechstel der Muschelmasse in die Mitte geben, Blätter hochziehen und mit dem Raffiabast wie einen Sack zuschnüren. Vorgang mit der Alufolie wiederholen, dabei oben zum Verschließen etwas knüllen. Die übrigen Pakete auf dieselbe Weise herstellen und alles bis zum Grillen kühl stellen.

Vor dem Servieren in einem Paket nachsehen, ob sich die Schalen alle geöffnet haben. Nicht geöffnete Muscheln wegwerfen.

Grill anheizen. Sobald die Flammen erloschen sind, einen leicht geölten Grillrost über den heißen Kohlen erhitzen. Wenn die Kohlen eine mittlere Temperatur erreicht bzw. sich mit einer mitteldicken Ascheschicht überzogen haben, Pakete etwa 15 Minuten grillen. Alufolie vorsichtig entfernen und die Pakete für 1 Minute zurück auf den Rost legen. Einzeln auf Teller geben. Die Pakete bleiben bis zu 5 Minuten heiß. Raffiabast lösen und aus dem Blatt essen. Falls gewünscht, mit Stangenbrot servieren.

Für 4–6 Personen

1 frische große milde grüne Chilischote, Samen entfernt und fein gehackt

½–1 frische Scotch-bonnet- oder Habañero-Chilischote, Samen entfernt und fein gehackt

1 kleine Schalotte, fein gehackt

1 EL klarer Honig

4 EL Olivenöl

24 Pilgermuscheln in der halben Schale

Salz

2 Zitronen, in dünne Spalten geschnitten

Pilgermuscheln mit Chili und Zitrone

Auf französischen Fischmärkten kann man diese kleine Variante der Jakobsmuschel dabei beobachten, wie sie in ihrer pastellfarbig rosa, gelb und blau gefärbten Schale graziös im Becken umherschwebt. Zum Glück ist sie auch anderswo erhältlich. Wenn Sie Pilgermuscheln in der halben Schale kaufen, sind sie bereits grillfertig – einfacher geht es nicht.

Grill anheizen. Inzwischen Chilis, Schalotte, Honig und Öl in einer Schüssel mischen.

Muscheln auf einem Tablett anrichten. Jede mit etwas Salz bestreuen und etwas Chilimischung darüber geben. Sobald die Flammen erloschen sind, Grillrost über den heißen Kohlen erhitzen. Wenn die Kohlen eine mittlere Temperatur erreicht bzw. sich mit einer mitteldicken Ascheschicht überzogen haben, Muscheln in der Schale auf den Rost legen.

Die Muscheln werden nur 1½–2 Minuten gegrillt. Wenn der Rost groß genug ist, so viele wie möglich gleichzeitig grillen, dabei vom Rand zur Mitte des Rostes bewegen, wenn nötig. Nicht übergaren, sonst werden sie zäh. Mit den Zitronenspalten zum Beträufeln auf einer Servierplatte anrichten und sofort servieren.

Merguez mit eisgekühlten Austern

Ein wahres Fest für die Sinne – hier werden in französischer Weihnachtstradition kleine Bissen vom heißen Würstchen genommen und deren Schärfe mit einer eiskalten Auster gelöscht. Merguez-Würstchen stammen aus Nordafrika und verdanken ihren Geschmack und die Farbe der Harissa, einer scharfen Chilipaste mit einem Hauch von Koriander, Kreuzkümmel und Knoblauch.

Für 6 Personen

700 g Merguez-Würstchen (in Feinkostgeschäften oder türkischen Läden erhältlich)

Zerstoßenes Eis zum Servieren

24 Austern

2 Zitronen, in Spalten geschnitten, zum Beträufeln

Grill anheizen. Sobald die Flammen erloschen sind, einen leicht geölten Grillrost über den heißen Kohlen erhitzen. Wenn die Kohlen eine mittlere Temperatur erreicht bzw. sich mit einer mitteldicken Ascheschicht überzogen haben, Würstchen auf den Rost legen. 8 Minuten grillen oder bis sie gar und goldbraun sind, dabei häufig wenden.

Inzwischen das zerstoßene Eis auf einer Servierplatte verteilen und während der Zubereitung der Austern kalt stellen. Alle Austern müssen fest geschlossen sein, geöffnete wegwerfen. Portionsweise mit der bauchigen Seite nach unten auf den Grillrost legen, damit sich der Saft in der unteren Schalenhälfte sammelt. Nach 3–5 Minuten beginnen sie sich zu öffnen und müssen dann sofort vom Grill genommen werden, damit sie nicht zu kochen beginnen.

Austern auf das Eis legen. Wenn sich alle leicht geöffnet haben, mit einem scharfen Messer vollständig öffnen, falls erforderlich. Austern von der flachen Schalenhälfte entfernen und mit dem Saft in die bauchige Hälfte legen. Nicht geöffnete Austern wegwerfen. Sofort mit den heißen, garen Würstchen servieren. Dazu Zitronenspalten zum Beträufeln reichen.

Salat aus angebratenen Zwiebeln
mit Petersilie-Balsamico-Dressing

Eine schöne Mischung verschiedener Geschmacksrichtungen. Der Salat schmeckt solo als vegetarisches Gericht köstlich, aber auch zu gegrilltem Fleisch, beispielsweise Rind. Sie können so viele verschiedene Zwiebelsorten kombinieren, wie Sie möchten, von der gedrungenen roten Sorte bis zur torpedoförmigen „Bretonne longue", einer Schalotte aus dem Norden Frankreichs. Verwenden Sie auch die eleganten rötlich violett-weißen Frühlingszwiebeln, die in Italien Cipolline heißen.

Für 4–6 Personen

6 rote Lauchzwiebeln (Schalotten), geputzt

6 grüne Salatzwiebeln, geputzt und längs halbiert

250 g kleine Zwiebeln oder Silberzwiebeln, geschält und im Ganzen

2 rosa Zwiebeln, horizontal in Ringe geschnitten (je 5 mm dick)

2 rote Zwiebeln, in Spalten geschnitten

2 kleine gelbe Zwiebeln, in Spalten geschnitten

4 Schalotten, längs halbiert

200 g Schalotten, vorzugsweise thailändische

3 EL Olivenöl plus etwas Öl zum Beträufeln

Saft von 1 Zitrone

3 EL frisch gehackte glatte Petersilie

2 EL Balsamico-Essig

Salz und gemahlener schwarzer Pfeffer

Schnittknoblauchblüten (nach Belieben) zum Garnieren

Grill anheizen. Zwiebeln und Schalotten in einer großen, flachen Schüssel ausbreiten. Öl und Zitronensaft mit dem Schneebesen verrühren und über die Mischung gießen. Zwiebeln und Schalotten im Dressing wenden, bis sie gleichmäßig benetzt sind. Nach Belieben abschmecken.

Sobald die Flammen erloschen sind, Grillrost über den heißen Kohlen erhitzen. Wenn die Kohlen eine mittlere Temperatur erreicht bzw. sich mit einer mitteldicken Ascheschicht überzogen haben, Grillblech oder gelochten Metall-Gemüsekorb auf dem Grillrost erhitzen. Direkt auf dem Grillrost könnten die Zwiebeln durch das Gitter rutschen. Zwiebeln portionsweise 5–7 Minuten grillen, dabei gelegentlich wenden.

Falls erhältlich, einige Schnittknoblauchblüten, die hübschen Blüten des streng riechenden Chinesischen Schnittlauchs, über den Salat streuen. Sie werden das ganze Jahr über in Asialäden verkauft.

Gare Zwiebelportionen auf eine Servierplatte geben und warm halten. Kurz vor dem Servieren die Petersilie untermischen und die Zwiebeln mit Balsamico-Essig und Olivenöl beträufeln.

Nach Belieben mit Schnittknoblauchblüten garnieren. Mit warmem Pita-Brot und gegrilltem Halloumi, dem weißen Käse aus Zypern, als Vorspeise oder zu gegrilltem Fleisch oder Fisch als Hauptgericht servieren.

Salat aus gegrilltem Fenchel
mit Nizza-Oliven

Schließen Sie beim Genuss dieses typisch italienischen Gerichts die Augen und Sie meinen, inmitten toskanischer Hügel unter einem schattigen Baum bei einem eleganten Mittagessen zu sitzen. Fenchel ist in Italien ein beliebtes Gemüse, wird aber häufig nur roh oder angeschmort verwendet.

Für 6 Personen

3 kleine orange Paprika

5 Fenchelknollen mit grünen Enden, insgesamt etwa 900 g

2 EL Olivenöl

1 EL Cidre oder Weißwein-essig

3 EL natives Olivenöl extra

24 kleine Nizza-Oliven

2 lange Bohnenkrautzweige, Blätter entfernt

Salz und gemahlener schwarzer Pfeffer

Grillblech erhitzen, bis darauf geträufelte Wassertropfen sofort verdampfen. Paprika rösten, dabei alle paar Minuten wenden, bis sie gleichmäßig gebräunt sind. Grillblech vom Herd nehmen, Paprika in eine Schüssel geben und mit Klarsichtfolie abdecken.

Fenchelkraut von der Knolle entfernen und beiseite legen. Fenchel längs in fünf etwa gleich große Scheiben schneiden. Wenn die Wurzel holzig aussieht, herausschneiden. Fenchelstücke in eine flache Schüssel legen, mit dem Olivenöl übergießen und würzen. Geschwärzte Haut von den Paprika ablösen, Samen entfernen und Fleisch in kleine Würfel schneiden.

Grillblech wieder erhitzen und Temperatur erneut prüfen, dann die Hitze etwas reduzieren und Fenchelscheiben portionsweise etwa 8–10 Minuten grillen, dabei häufig wenden, bis goldene Grillstreifen sichtbar werden. Hitze so regulieren, dass sie durchgaren, ohne zu versengen. Gare Portionen auf einen flachen Servierteller geben.

Essig und Olivenöl mit dem Schneebesen verrühren und Dressing über den Fenchel gießen. Paprikawürfel und Nizza-Oliven vorsichtig unterheben. Bohnenkrautblätter und Fenchelkraut zerpflücken und über den Salat streuen. Warm oder kalt servieren.

Wenn die Kohlen heiß sind, die Paprika direkt auf dem Blech grillen. Zum Enthäuten abkühlen lassen. Fenchel auf mittlerer Temperatur grillen und häufig wenden, sobald die ersten Streifen sichtbar werden.

Für 4 Personen

4 Romano-Paprika, vorzugsweise in verschiedenen Farben, insgesamt etwa 350 g

6 EL natives Olivenöl extra

200 g Mozzarella

10 Kirschpaprika aus dem Glas, abgetropft und fein gehackt

125 g Ricotta salata (sardischer Ricotta, ersatzweise normaler Ricotta)

2 EL gehackte frische Oreganoblätter

24 schwarze Oliven

2 Knoblauchzehen, zerdrückt

Salz und gemahlener schwarzer Pfeffer

Angemachter gemischter Blattsalat und Brot zum Servieren

Gefüllte Romano-Paprika

mit zwei Käsesorten und Kirschpaprika

Romano-Paprika ist eine köstliche Mittelmeersorte. Sie ist lang, spitz und ähnelt etwas einer Chilischote. Die herrlich süßen Paprika werden auch als Romiro oder extrasüße Paprika angeboten. Ein Gegengewicht zu ihrer Süße bildet der Ricotta salata, eine reife, getrocknete und leicht gesalzene Version der beliebten Käsesorte, die auf Sardinien produziert wird.

Grill anheizen. Paprika längs halbieren, Samen und Scheidewände entfernen. Paprikahälften mit 1 EL Öl bestreichen. Mit der hohlen Seite nach oben auslegen. Mozzarella in Scheiben schneiden und auf die Paprikahälften verteilen. Mit gehackten Kirschpaprika bestreuen, würzen und den Ricotta darüber bröseln, anschließend Oreganoblätter und Oliven darauf verteilen. Knoblauch mit dem restlichen Öl vermengen und etwas Salz und Pfeffer zufügen. Etwa die Hälfte der Mischung über die Paprikafüllung löffeln.

Sobald die Flammen erloschen sind, Kohlen auf eine Seite schieben. Einen leicht geölten Grillrost über den Kohlen erhitzen. Wenn die Kohlen mit einer mitteldicken Ascheschicht überzogen sind, gefüllte Paprikahälften auf den Teil des Rostes legen, der sich nicht über den Kohlen befindet. Deckel schließen bzw. Wokdeckel verwenden oder einen Deckel aus reißfester Alufolie improvisieren. 6 Minuten grillen, die restliche Ölmischung über die Füllung löffeln, Deckel wieder aufsetzen und weitere 6–8 Minuten grillen, bis der Käse geschmolzen ist. Mit grünem Salat oder gemischtem Blattsalat und Brot servieren.

Gegrillte Kartoffeln
mit Schnittlauchblüten-Dressing

Es ist ein echtes Erlebnis, essbare Blütenpflanzen und Gartenkräuter zu verwenden. Eine Hand voll von diesem Kraut oder jener Blume zu pflücken ist Teil der Kreativität beim Kochen und Essen im Freien und kann zu unerwartet aufregenden Ergebnissen führen.

Für 4–6 Personen

900 g Salatkartoffeln, beispielsweise Charlotte, Jersey Royals oder La Ratte

1 EL Weinessig

7 EL Olivenöl

3 EL gehackter Schnittlauch

Etwa 10 Schnittlauchblüten

4–6 kleine Rispen gelbe Kirschtomaten an der Pflanze

Salz und gemahlener schwarzer Pfeffer

Grill anheizen. Kartoffeln in einem großen Topf mit leicht gesalzenem Wasser etwa 10 Minuten kochen oder bis sie gerade weich sind. Inzwischen für das Dressing den Essig und 5 EL Öl mit dem Schneebesen verrühren, dann Schnittlauch und Blüten einrühren. Kartoffeln abtropfen lassen und längs halbieren. Mit Salz und Pfeffer abschmecken.

Sobald die Flammen erloschen sind, einen Grillrost über den heißen Kohlen erhitzen. Wenn die Kohlen eine mittlere Temperatur erreicht bzw. sich mit einer mitteldicken Ascheschicht überzogen haben, Kartoffeln im restlichen Öl wenden und mit der Schnittseite nach unten auf den Rost legen. Etwa 5 Minuten liegen lassen, dann etwas hinunterdrücken, damit sich das Muster des Grillrostes abzeichnet.

Kartoffeln wenden und etwa 3 Minuten von der anderen Seite grillen. In eine Schüssel geben, mit Dressing übergießen und zum Mischen die Schüssel kurz hin und her schwenken. Tomaten grillen, bis sie beginnen, Blasen zu werfen. Mit den Kartoffeln servieren.

Zucchini-Wraps
mit Spinat und Mozzarella

Eine schöne Vorspeise oder Beilage, besonders geeignet für Gartenbesitzer nach einer überreichen Zucchiniernte. Man braucht dazu die großen, etwa 20 cm langen Exemplare. Ein Grill mit verstellbarem Rost ist ideal für dieses Rezept, da die Wraps zum Schluss rasch angegrillt werden müssen.

Für 6 Personen

2 große gelbe Zucchini, Gesamtgewicht etwa 700 g

3 EL Olivenöl

250 g junger Blattspinat

250 g Mini-Mozzarellakugeln

Blätter von Pimpinelle, Rauke (Rucola) und Mizuna zum Garnieren (falls vorhanden)

Für das Dressing

2 ganze Knoblauchzehen, ungeschält

2 EL Weißweinessig

2 EL Olivenöl

1 EL natives Olivenöl extra

3 EL Walnussöl

Salz und gemahlener schwarzer Pfeffer

Grill anheizen. Für das Dressing den Knoblauch in einem kleinen Topf mit etwas Wasser zum Kochen bringen, Hitze reduzieren und 5 Minuten köcheln lassen. Herausnehmen und abtropfen lassen. Sobald der Knoblauch handwarm ist, die Zehen aus den Schalen drücken und mit etwas Salz zu einer glatten Paste zerstoßen. In eine Schüssel geben und Essig zufügen. Mit dem Schneebesen die verschiedenen Ölsorten unterrühren und mit Salz und Pfeffer abschmecken.

Zucchini längs in je sechs oder mehr breite, etwa 3 mm dicke Streifen schneiden. Auf einem Tablett auslegen. 1 TL Öl beiseite stellen und die Zucchinistreifen mit dem übrigen Öl gleichmäßig bestreichen.

Wok auf hoher Temperatur erhitzen. Wenn er zu rauchen beginnt, beiseite gestelltes Öl zufügen und den Spinat 30 Sekunden anbraten oder bis er zusammenfällt. In ein Sieb schütten und gut abtropfen lassen. Mozzarellakugeln halbieren und auf Küchenpapier abtropfen lassen.

Die drei vorgeschlagenen Blattsalat-Sorten ergeben eine wirklich köstliche Garnierung. Pimpinelle schmeckt leicht nussig mit einer dezenten Gurkennote und harmoniert hervorragend mit der pfeffrigen Rauke und dem milden, senfigen Mizuna.

Sobald die Flammen erloschen sind, einen leicht geölten Grillrost über den heißen Kohlen erhitzen. Wenn die Kohlen eine mittlere Temperatur erreicht bzw. mit einer mitteldicken Ascheschicht überzogen sind, Zucchini auf den Rost legen. Nur von einer Seite 2–3 Minuten grillen oder bis sich goldene Streifen zeigen. Gegarte Streifen einzeln mit der Grillseite nach oben auf das Blech zurücklegen.

An ein Ende jedes Zucchinistreifens kleine Spinathäufchen setzen. Auf jedes Spinathäufchen zwei Mozzarellastücke legen. Kräftig würzen.

Mit einem metallenen Pfannenwender jeweils mehrere der belegten Streifen vorsichtig wieder auf den Grillrost legen und etwa 2 Minuten grillen. Wenn der Käse zu schmelzen beginnt, die unbelegte Seite der Zucchinistreifen über die Füllung schlagen. Die Wraps vorsichtig vom Rost heben und auf dem Küchenpapier abtropfen lassen. Falls gewünscht, mit der Garnierung aus Salatblättern servieren und diese mit Dressing beträufeln.

Geröstete Gemüse-Quesadillas

mit geschmolzenem Mozzarella

Dieses Rezept ist ein großartiges Beispiel dafür, wie Grillblech und Grillrost gleichzeitig für verschiedene Zutaten eingesetzt werden können. Während die Zwiebeln und Paprika auf einem langen Blech auf der einen Seite des Grills garen, können die Auberginen über den Kohlen auf der anderen Seite gegrillt werden.

Für 6–8 Personen

1 gelbe und 1 orange Paprika, geviertelt und Samen entfernt

2 rote Paprika, geviertelt und Samen entfernt

2 rote Zwiebeln, in Spalten geschnitten

8 lange Baby-Auberginen, Gesamtgewicht etwa 200 g, längs halbiert

2 EL Olivenöl

400 g Mozzarella

2 frische grüne Chilischoten, Samen entfernt und in Ringe geschnitten

1 EL mexikanische Tomatensauce

8 Tortillas aus Mais- oder Weizenmehl

Eine Hand voll frische Basilikumblätter

Salz und gemahlener schwarzer Pfeffer

Grill anheizen. Sobald die Flammen erloschen sind, einen leicht geölten Grillrost über den heißen Kohlen erhitzen. Wenn die Kohlen eine mittlere Temperatur erreicht bzw. sich mit einer mitteldicken Ascheschicht überzogen haben, Grillblech erhitzen, bis darauf geträufelte Wassertropfen sofort verdampfen.

Paprika, Zwiebeln und Auberginen auf einem großen Backblech im Öl wenden. Paprika mit der Außenseite nach unten auf das Grillblech oder direkt auf den Grillrost legen und garen, bis sie an der Unterseite leicht angesengt und gebräunt sind. Falls sie zu verkohlen beginnen, Grillblech herunternehmen, bis die Kohlen etwas abgekühlt sind. Paprika in eine Schüssel geben, mit Frischhaltefolie abdecken und beiseite stellen.

Zwiebeln und Auberginen grillen, bis sie etwas weich sind und sich braune Grillstreifen zeigen, dann beiseite stellen. Paprika mit den Fingern abschälen, jedes Stück halbieren und dem übrigen Gemüse zufügen.

Mozzarella in 20 Scheiben schneiden. Zusammen mit dem gerösteten Gemüse in eine große Schüssel geben, Chilischoten und Tomatensauce zufügen. Gründlich mischen und mit Salz und Pfeffer abschmecken. Alle Tortillas nur von einer Seite über mittlerer Hitze auf dem Blech grillen.

Die Quesadillas lassen sich in Tortenstücke geschnitten direkt vom Grill essen oder in Alufolie gewickelt warm halten, während die übrigen zubereitet werden.

Eine Tortilla mit der gegrillten Seite nach oben auf das Grillblech legen und etwa ein Viertel der Gemüsemischung in die Mitte häufen. Mit einigen Basilikumblättern bestreuen. Wenn die Tortilla an der Unterseite braun wird, eine zweite Tortilla mit der gegrillten Seite nach unten obenauf legen. Quesadilla vorsichtig mit einem breiten Pizzaheber mit Röhrengriff wenden und weitergrillen, bis die Unterseite gebräunt ist und der Käse gerade zu schmelzen beginnt. Mit dem Pizzaheber vom Blech heben und sofort servieren oder zum Warmhalten in Alufolie einwickeln, während die übrigen Quesadillas gegrillt werden.

Lammspieße mit Ras el hanout
und Minze-Chutney

Ihren exotischen Geschmack verdanken diese kleinen runden Lammspieße dem Ras el hanout, einem köstlichen Gewürz aus Nordafrika. Sein entscheidender Bestandteil sind die kräftig duftenden getrockneten Blütenblätter der Damaskusrose, die den mehr als zehn verschiedenen Gewürzen beigemengt werden. Getrocknete Rosenblütenblätter gibt es in türkischen und arabischen Läden.

Für 4 Personen

2 EL natives Olivenöl extra
1 Zwiebel, fein gehackt
2 Knoblauchzehen, zerdrückt
5 EL Pinienkerne
500 g gehacktes Lammfleisch
2 TL Ras-el-hanout-Gewürzmischung
2 TL getrocknete rosa Rosenblütenblätter (falls vorhanden)
Salz und gemahlener schwarzer Pfeffer
18 kurze Holz- oder Metallspieße

Für das frische Minze-Chutney

Zwei Hände voll frische Minzeblätter
2 TL Zucker
Saft von 2 Zitronen
2 Tafeläpfel, geschält und fein gerieben

Zum Servieren (nach Belieben)

150 ml griechischer Joghurt
1½ TL Harissa mit Rosenblättern

Wenn Holzspieße verwendet werden, diese 30 Minuten in kaltem Wasser einweichen. Öl in einer Pfanne auf dem Herd erhitzen. Zwiebel und Knoblauch zufügen und 7 Minuten auf schwacher Hitze anbraten. Pinienkerne einrühren und etwa 5 Minuten mitbraten oder bis die Mischung sich leicht golden färbt, dann zum Abkühlen beiseite stellen.

Minze-Chutney zubereiten. Dazu die Minze mit der Hand oder in einer Küchenmaschine fein hacken, Zucker, Zitronensaft und geriebenen Apfel zufügen und umrühren.

Grill anheizen. Gehacktes Lammfleisch in eine große Schüssel geben und Ras el hanout und ggf. Rosenblütenblätter zufügen. Abgekühlte Zwiebelmischung darüber geben und Salz und Pfeffer zufügen. Mit den Händen gut mischen und zu 18 Kugeln formen. Spieße abtropfen lassen und um jeden Spieß eine Kugel festdrücken. Sobald die Flammen erloschen sind, einige heiße Kohlen auf eine Seite schieben und einen leicht geölten Grillrost darüber erhitzen.

Wenn die Kohlen abgekühlt sind bzw. sich mit einer dicken Ascheschicht überzogen haben, Spieße über dem Teil mit den meisten Kohlen auf den Rost legen. Am einfachsten ist es, den Grill mit einem Deckel oder einer Kuppel aus reißfester Alufolie abzudecken, sodass die Hitze zirkuliert und die Spieße gleichmäßig garen. Sonst müssen sie etwa 10 Minuten lang häufig gewendet werden, damit sich keine harte Kruste auf dem Fleisch bildet, bevor es ganz durchgegart ist. Die Spieße können je nach Geschmack mit dem Joghurt serviert werden, der zuvor mit dem Rosen-Harissa gemischt wurde, sie können auch mit grünem Salat und Gurkenscheiben in arabisches Fladenbrot, beispielsweise Lavash, gewickelt werden.

Diese Spieße lassen sich auch in etwa 10 Minuten auf einem heißen Grillblech garen. Dazu auf hoher Temperatur anbraten, dann die Hitze reduzieren und häufig wenden.

Steak-Ciabatta
mit Hummus und Salat

Das Lieblingsgericht Nummer eins meiner Familie schmeckt am besten, wenn es nach einem Nachmittag beim Baden abends am Strand gegessen wird. Wenn Müdigkeit und Kälte die Oberhand gewinnen, macht nur eines noch mehr Spaß, als ein Feuer zu entzünden: die leckeren Gerichte zu verspeisen, die man darüber gegrillt hat.

Für 4 Personen

2 Romana-Salatherzen

3 Knoblauchzehen, mit genügend Salz zum Würzen der Steaks zu einer Paste zerstoßen

2 EL natives Olivenöl extra

4 Lendensteaks, 2,5 cm dick, Gesamtgewicht etwa 900 g

4 Ciabattabrötchen

Salz und gemahlener schwarzer Pfeffer

Für das Dressing

2 TL Dijon-Senf

1 TL Cidre oder Weißweinessig

1 EL Olivenöl

Für den Hummus

400 g Kichererbsen aus der Dose, abgetropft und abgespült

3 EL Tahini

2 Knoblauchzehen, zerdrückt

Saft von 1 Zitrone

2 EL Wasser

4 EL natives Olivenöl extra

Für den Hummus die Kichererbsen in eine Küchenmaschine geben und zu einer Paste verarbeiten. Tahini, Knoblauch und Zitronensaft zufügen und mit Salz und Pfeffer abschmecken. So viel Wasser zugießen, bis eine dicke Masse entstanden ist. In ein Einmachglas füllen und mit nativem Olivenöl extra übergießen. Abdecken und an einen kühlen Ort stellen.

Salatblätter trennen und putzen. Bis zum Verzehr in einem luftdichten Behälter verwahren. Für das Salatdressing Senf und Essig in einer Schüssel mischen. Öl nach und nach mit dem Schneebesen einrühren und das Dressing abschmecken.

Knoblauchpaste und Öl in einer flachen Schüssel mischen. Steaks hineinlegen und von beiden Seiten mit der Mischung einreiben. Abdecken und an einem kühlen Ort aufbewahren.

Dieses Gericht lässt sich leicht morgens vor dem Aufbruch zu einem Picknick vorbereiten. Der Hummus und das Dressing müssen nur in Einmachgläsern kühl aufbewahrt werden.

Grill anheizen. Sobald die Flammen erloschen sind, einen leicht geölten Grillrost über den heißen Kohlen erhitzen. Wenn die Kohlen etwas abgekühlt sind bzw. sich mit einer feinen Ascheschicht überzogen haben, Steaks auf den Rost legen. Soll das Fleisch blutig serviert werden, von einer Seite 2 Minuten grillen, dann wenden und von der anderen Seite 3 Minuten grillen. Nach je 4 Minuten Grillen von beiden Seiten sind die Steaks medium. Auf einen Teller legen, locker abdecken und 2 Minuten ruhen lassen.

Romana-Blätter mit dem Dressing anmachen. Ciabatta jeweils halbieren und mit der Schnittseite nach unten 1 Minute auf dem Grillrost erhitzen. Hummus mit dem Öl darauf gleichmäßig auf den Unterseiten der Brötchen verstreichen. Steaks aufschneiden und mit einigen Salatblättern auf dem Hummus anrichten. Die oberen 3 Brötchenhälften darauf legen und zum Servieren die gefüllten Ciabatta halbieren.

Gefüllte Maishuhnbrust in Ahornsirup-Zitronen-Marinade

Gerichte wie dieses bereitet man am liebsten für Freunde zu: Es ist überhaupt nicht aufwendig, sieht aber so aus und schmeckt auch so. Servieren Sie dazu gegrilltes Mittelmeergemüse oder einfach einen angemachten Blattsalat.

Für 4–6 Personen

4–6 Portionen Hühnerbrust ohne Knochen, vorzugsweise vom Maishuhn

125 g fester Ziegenkäse

4 EL gehackter frischer Oregano

4 TL Ahornsirup

Saft von 1 Zitrone

Öl zum Bestreichen

Salz und gemahlener schwarzer Pfeffer

Hühnerbruststücke horizontal zu einer Tasche aufschneiden. Ziegenkäse, gehackten Oregano und 2 TL Ahornsirup in einer kleinen Schüssel mischen. Mischung in die Hühnerbrusttaschen füllen, dabei nicht zu viel Füllung verwenden.

Restlichen Ahornsirup in eine flache Schüssel geben, die groß genug ist, um das Fleisch nebeneinander darin auszulegen. Zitronensaft einrühren und Hühnerbruststücke hineinlegen. Von allen Seiten mit der Mischung bestreichen, dann abgedeckt 20 Minuten kühl stellen, dabei gelegentlich wenden. Salzen und pfeffern und weitere 10 Minuten marinieren.

Grill anheizen. Sobald die Flammen erloschen sind, heiße Kohlen auf eine Seite schieben und eine Fettschale daneben stellen. Einen leicht geölten Grillrost über den Kohlen erhitzen. Wenn die Kohlen etwas abgekühlt sind bzw. sich mit einer feinen Ascheschicht überzogen haben, Fleischstücke mit der Hautseite nach oben über der Fettschale auf den Grillrost legen. Mit einem Deckel oder einer Kuppel aus reißfester Alufolie abdecken.

Huhn insgesamt etwa 15 Minuten grillen, dabei die Stücke auf dem Rost wenden und bewegen, damit sie gleichmäßig garen, ohne zu verkohlen. 5 Minuten vor Ende der Garzeit mit der übrigen Marinade bestreichen.

Huhn auf einen Teller legen und vor dem Servieren etwa 5 Minuten ruhen lassen, dabei warm halten.

Dieses Gericht lässt sich in etwa 20 Minuten auch gut auf einem Grillblech zubereiten. Auf hoher Temperatur anbraten, dann die Hitze reduzieren. Häufig wenden.

Kurz gebratene Ingwerente
mit süßer Tare-Sauce

Dieses Rezept entstand zufällig, wie so viele andere, bei denen ich einfach das verwendete, was ich zu Hause hatte. Im Wesentlichen ist es wegen der Tare-Sauce ein japanisches Gericht, aber warum nicht einmal die kulturellen Schranken überwinden und die Ente mit chinesischen Pfannkuchen, Frühlingszwiebeln und Gurke servieren? Puristen können zur Ente statt Pfannkuchen auch Soba (Buchweizennudeln) reichen.

Für 4 Personen

4 große Entenbrustfilets, Gesamtgewicht etwa 700 g

5 cm langes Stück frischer Ingwer, fein gerieben

½ Salatgurke

12 chinesische Pfannkuchen (tiefgefroren aus dem Asialaden, wahlweise auch Weizentortillas)

6 Frühlingszwiebeln, in feine Streifen geschnitten

Für die Tare-Sauce

7 EL Tamari-Sojasauce

7 EL Mirin (Reiswein)

2 EL Zucker

Salz und gemahlener schwarzer Pfeffer

Die Haut jedes Entenbrustfilets viermal einschneiden und mit der Hautseite nach oben auf einen Teller legen. Geriebenen Ingwer über dem Fleisch ausdrücken, um die gesamte Flüssigkeit zu gewinnen; feste Bestandteile wegwerfen. Fleisch großzügig mit dem Saft einreiben, besonders die Einschnitte. Gurke schälen, halbieren, Samen mit einem Löffel herausschaben und Fleisch hacken. In einer Schüssel beiseite stellen.

Für die Tare-Sauce die Tamari-Sojasauce, Mirin und Zucker in einem schweren Topf mischen und langsam erwärmen, bis der Zucker sich aufgelöst hat. Temperatur erhöhen und 4–5 Minuten köcheln lassen oder bis die Sauce um etwa ein Drittel der Menge sirupartig eingedickt ist.

Grillpfanne über großer Hitze auf dem Herd erwärmen, bis darauf geträufelte Wassertropfen sofort verdampfen. Entenbrust mit der Hautseite nach unten anbraten.

Wenn das Fett ausgelassen und die Haut schön gebräunt ist, Fleisch aus der Pfanne nehmen. Fett ablaufen lassen und Pfanne mit Küchenpapier auswischen. Erneut erhitzen, Ente mit der Fleischseite nach unten wieder hineingeben und auf mittlerer Hitze etwa 3 Minuten braten.

Entenstücke mit etwas Tare-Sauce bestreichen, wenden, die andere Seite mit Tare bestreichen und erneut wenden. Das dauert etwa 1 Minute, nach der die Ente leicht angebraten ist; auf Druck sollte das Fleisch etwas nachgeben. Aus der Pfanne nehmen und einige Minuten ruhen lassen. Anschließend die Entenbrustfilets schräg in Scheiben schneiden. Die Pfannkuchen etwa 3 Minuten in einem Dämpfeinsatz über kochendem Wasser erwärmen. Mit Ente, Tare-Sauce, Frühlingszwiebeln und Gurke servieren.

Zur Zubereitung auf dem Grill die Ente über einer großen Fettschale auf den Grillrost legen. Über heißen Kohlen unter einem Deckel oder einer Kuppel aus reißfester Alufolie garen. Es gelten dieselben Garzeiten wie im Rezept beschrieben.

Heißgeräucherter Lachs
mit Mango-Ananas-Mojo

Das Räuchern von Fisch auf einem Holzkohlegrill funktioniert besonders gut mit feuchten Hickoryholzspänen. Dieser Mojo, eine würzige Sauce aus Kuba, ergibt einen schönen Gegenpart zum kräftigen Geschmack des Räucherlachses.

Für 6 Personen

6 Lachsfilets, jeweils etwa 175 g, mit Haut

1 EL Sonnenblumenöl

Salz und gemahlener schwarzer Pfeffer

2 Hände voll Hickoryholzspäne, mindestens 30 Minuten in kaltem Wasser eingeweicht

Für den Frucht-Mojo

1 reife Mango, gewürfelt

4 Ananasscheiben aus der Dose, abgetropft und gewürfelt

1 kleine rote Zwiebel, fein gehackt

1 frische lange milde rote Chilischote, Samen entfernt und fein gehackt

1 EL süße Chilisauce (gute Qualität)

Abgeriebene Schale und Saft von 1 unbehandelten Limette

Blätter von 1 kleinen Basilikumpflanze oder 3 EL frische Korianderblätter, gehackt

Lachsfilets mit der Hautseite nach unten auf eine Servierplatte legen. Leicht salzen, abdecken und etwa 30 Minuten kühl stellen.

Für den Mojo Mango, Ananas, Zwiebel und Chilischote in eine Schüssel geben. Chilisauce, Saft und Schale der Limette und Kräuter zufügen. Gut mischen, luftdicht abdecken und bis zum Verzehr an einen kühlen Ort stellen.

Grill anheizen. Lachsfilets mit Küchenpapier abtupfen und mit etwas Öl bestreichen. Sobald die Flammen erloschen sind, einen Grillrost über den heißen Kohlen erhitzen. Wenn diese eine mittlere Temperatur erreicht bzw. sich mit einer mitteldicken Ascheschicht überzogen haben, Lachsfilets mit der Hautseite nach unten auf den Rost legen. Grill mit einem Deckel oder einer Kuppel aus reißfester Alufolie abdecken und den Fisch etwa 3 Minuten garen.

Verwenden Sie frische Ananas für den Mojo, wenn diese Saison haben. Sie benötigen etwa eine halbe mittelgroße Ananas. Schale wegschneiden, harten Mittelteil entfernen und Fleisch in Stücke schneiden.

Hickoryspäne in einem Sieb abtropfen lassen und etwa ein Drittel davon so gleichmäßig wie möglich über den Kohlen verteilen. Dazu vorsichtig durch den Rost fallen lassen und darauf achten, die Asche dabei nicht aufzuwirbeln.

Grilldeckel wieder aufsetzen und weitere 8 Minuten grillen, dabei noch zweimal Hickoryspäne nachlegen. Lachs heiß oder kalt mit dem Mojo servieren.

Erdbeeren und Marshmallows
auf Kirschholzspießen

Marshmallows sind immer eine Wonne, besonders für Kinder. Nach dem Grillen werden diese Spießchen großzügig mit Puderzucker bestreut, ein Teil davon löst sich im Erdbeersaft auf. Der Grill muss sehr heiß sein, um die Marshmallows schnell anzusengen, bevor sie schmelzen.

Für 4 Personen

16 gemischte rosa und weiße Marshmallows, gekühlt

16 Erdbeeren

Puderzucker zum Bestäuben

8 kurze Stücke Kirschholz- oder Metallspieße

Grill anheizen. Bei Verwendung von Kirschholzspießen diese 30 Minuten wässern. Wenn die Kohlen etwas abgekühlt sind bzw. sich mit einer feinen Ascheschicht überzogen haben, Grillrost leicht ölen und direkt über den Kohlen erhitzen. Auf jeden abgetropften Holzspieß oder Metallspieß zwei Marshmallows und zwei Erdbeeren spießen und von jeder Seite 20 Sekunden über den heißen Kohlen grillen. Auch wenn sich nicht sofort Grillstreifen bilden, nicht länger grillen – nur bis die Marshmallows warm sind und gerade zu schmelzen beginnen.

Erdbeer-Marshmallow-Spieße auf einzelnen Desserttellern oder einem großen Serviertablett anrichten, großzügig mit Puderzucker bestäuben und servieren.

Kurz gegrillte Melone in Honigglasur
mit Lavendel und Himbeeren

Dieses wunderbar einfache Dessert ergab sich eines Sommerabends, als der Lavendel blühte und ich zufällig eine Schale duftender Himbeeren zur Hand hatte. Die Melone war noch nicht ganz reif und musste gesüßt werden. Eine Honigwabe war *die* Lösung.

Für 6 Personen

1,3 kg Melone, vorzugsweise Charentais

200 g Honigwabe

1 TL Wasser

Ein Büschel Lavendel, plus einige Blüten zum Dekorieren

300 g Himbeeren

Melone halbieren, Samen herauskratzen und jede Hälfte in drei Teile schneiden. Ein Drittel des Honigs in eine Schüssel geben und zum Verdünnen das Wasser einrühren. Aus dem Lavendel einen Pinsel formen und in den Honig tauchen.

Grillblech erhitzen, bis darauf geträufelte Wassertropfen sofort verdampfen. Melone dünn mit der Honigmischung bestreichen. Von jeder Seite 30 Sekunden grillen. Mit Himbeeren, Honigwabe und Lavendelblüten servieren.

Mit etwas Planung

Mit etwas Planung

Frische Zutaten und eine verblüffend einfache Zubereitung machen diese Rezepte zu einem wahren Vergnügen

Das Beste an den folgenden Gerichten: Sie können in Etappen vorbereitet werden, sodass der Koch die meiste Arbeit schon erledigt hat, bevor das eigentliche Grillen beginnt. Ein wenig Hacken, ein paar Minuten für die Herstellung einer Marinade – solche Dinge machen es für den Grillmeister einfacher. Diese Rezepte erfordern einige Zutaten mehr und sind auch im Geschmack ein klein wenig komplexer als jene im ersten Kapitel. Die Gerichte sollten zwar am Tag ihrer Zubereitung verzehrt werden, zwischen Vorbereitung und Grillen kann aber eine gewisse Zeit verstreichen. Die Rempah-Rempah-Burger werden beispielsweise kurz gekühlt, damit die Kokoscreme fest wird, und bei der Vorbereitung für die Patra ni macchi können Sie in Ruhe die Bananenblattpäckchen wickeln und sie dann kühl stellen, bis sie beim Eintreffen der Gäste auf den Grill gelegt werden.

Walnussbrot mit Hunkar begendi

und eingelegten Oliven

Dieses türkische Gericht besteht aus zerdrückten Auberginen und Käse. Mehl und Milch werden hier weggelassen, vielleicht ein Sakrileg, aber das Ergebnis liegt dafür nicht so schwer im Magen. Die eingelegten Oliven können Sie auch fertig kaufen, aber es macht Spaß, sie selbst mit verschiedenen Gewürzen in gutem Öl zu marinieren. Das Öl lässt sich hinterher für das Hunkar begendi verwenden.

Für 8 Personen

3 Auberginen, Gesamtgewicht etwa 700 g, quer in 5 mm dicke Scheiben geschnitten

4 EL fein geriebener Kefalotyri- oder Kasseri-Käse

Saft von ½ Zitrone

1 Laib Walnussbrot, in möglichst dünne Scheiben geschnitten

Natives Olivenöl extra zum Bestreichen

Salz und gemahlener schwarzer Pfeffer

Für die eingelegten Oliven

200 g Oliven unterschiedlicher Farbe

Fenchelsamen und gemahlener schwarzer Pfeffer

Frische scharfe Chilischoten und Rosmarinzweige

Zitronenscheiben und frische Thymianzweige

120 ml natives Olivenöl extra

Für die eingelegten Oliven die Früchte auf drei Schüsseln verteilen und jeder eine andere Gewürzkombination zufügen: Fenchelsamen und Pfeffer passen beispielsweise zu gemischten Oliven, Chili und Rosmarin zu schwarzen und Zitrone und Thymian zu grünen. Öl auf die drei Schüsseln verteilen, mischen und einige Stunden stehen lassen. Grillblech erhitzen, bis darauf geträufelte Wassertropfen sofort verdampfen.

Dieses Gericht eignet sich gut als Appetithäppchen vor einem Hauptgang mit langer Grillzeit. Bereiten Sie erst alles für das Hauptgericht vor und grillen Sie dann die Auberginen daneben auf dem Grillrost.

Auberginenscheiben mit etwas Marinadeöl bestreichen und 5 Minuten grillen oder bis sie weich sind und sich auf beiden Seiten Grillstreifen zeigen. In eine kleine Schüssel geben und zu einem groben Brei zerstampfen. Fein geriebenen Käse und Zitronensaft in die noch heiße Mischung geben und gründlich unterrühren. Mit Salz und Pfeffer abschmecken. Den Großteil des Öls von den Oliven abgießen und unter den Brei mischen. Das Hunkar begendi abdecken und bis zum Verzehr kühl stellen.

Brotscheiben auf einer Seite dünn mit Öl bestreichen und auf dem Grillblech oder einem geölten Grillrost über dem Grill rösten, falls dieser gerade für ein anderes Gericht angeheizt wird. Darauf achten, dass das Brot nur kross wird und nicht schwarz.

Geröstetes Brot mit kleinen Schüsseln voll Hunkar bendi und eingelegten Oliven servieren.

Mais-Tostaditas
mit Salsa und Guacamole

Genau der richtige Snack, damit die hungrigen Gäste von den Aperitifs keinen Schwips bekommen. Die kleinen gerösteten Tortillas lassen sich gut auf einem Grillblech entweder auf dem Grill oder auf dem Herd zubereiten. So entstehen nicht nur die dunkelbraunen Tigerstreifen, sondern der Vorgang lässt sich auch besser kontrollieren als beim Grillen direkt auf dem Rost über heißen Kohlen.

Für 6 Personen

2 EL Chipotle- oder anderes Chiliöl

1 EL Sonnenblumenöl

8 gelbe Maistortillas, Gesamtgewicht etwa 300 g

Für die Salsa

4 Tomaten

2 EL gehacktes frisches Basilikum

Saft von ½ Limette

4 TL süße Chilisauce (gute Qualität)

1 kleine rote Zwiebel, fein gehackt (nach Belieben)

Salz und gemahlener schwarzer Pfeffer

Für den Guacamole

4 Avocados

Saft von ½ Limette

1 frische dicke Chilischote, Samen entfernt und fein gehackt

Die Salsa möglichst ein oder zwei Stunden vorher zubereiten, damit sich der Geschmack entfalten kann. Tomaten halbieren, Kerngehäuse entfernen und den größten Teil der Samen herausdrücken. Fleisch in Würfel schneiden. Basilikum, Limettensaft und süße Chilisauce zufügen. Falls gewünscht, Zwiebel unterrühren und die Salsa mit Salz und Pfeffer abschmecken.

Guacamole zubereiten. Dazu Avocados halbieren, Stein herausbrechen und das Fleisch in eine Schüssel geben. Limettensaft, gehackte Chilischote und Gewürze zufügen. Mit der Gabel zu einem groben Brei zerdrücken.

Grill anheizen. Chili- und Sonnenblumenöl mischen. Tortillas auf einem Brett stapeln. Oberste Tortilla vom Stapel nehmen und dünn mit der Ölmischung bestreichen. Umgedreht auf das Brett legen und die andere Seite mit Öl bestreichen. Vorgang mit den restlichen Tortillas wiederholen und dabei wieder einen Stapel bilden. Anschließend den ganzen Stapel diagonal in sechs spitze Dreiecke schneiden.

Tipp: Einen Avocadostein im Guacamole versenken. Zusammen mit dem Limettensaft verhindert er, dass sich die Mischung verfärbt.

Sobald die Flammen erloschen sind, einen leicht geölten Grillrost über den heißen Kohlen erhitzen. Wenn die Kohlen etwas abgekühlt sind bzw. sich mit einer feinen Ascheschicht überzogen haben, ein Grillblech auf dem Rost erhitzen, bis darauf geträufelte Wassertropfen sofort verdampfen. Jeweils mehrere Tostaditas von jeder Seite 30 Sekunden grillen, dabei fest auf das Grillblech drücken.

Tostaditas so in eine Schüssel geben, dass sie von den Schüsselwänden gehalten werden. Beim Abkühlen passen sie sich von selbst der Form der Schüssel an. Mit Salsa und Guacamole servieren.

Für 8 Personen als Vorspeise oder für 4 Personen als Hauptgericht

8 Sardinen, Gesamtgewicht etwa 800 g, abgeschuppt und ausgenommen

50 g Salz

Focaccia (italienisches Fladenbrot) zum Servieren

Öl zum Bestreichen

Für den Salmoriglio

1 TL grobes Meersalz

4 EL gehackte frische Estragonblätter

40 g gehackte glatte Petersilie

1 kleine rote Zwiebel, sehr fein gehackt

7 EL natives Olivenöl extra

4 EL Zitronensaft

Gegrillte Salzsardinen

Ganze gegrillte Sardinen sind ein klassisches mediterranes Gericht. Hier werden sie mit Salmoriglio serviert, einer italienischen Salsa aus mit Meersalz zerstampften Kräutern. Die Fische können auch am Spieß über einem verlöschenden Feuer gegrillt werden.

Sardinen von innen und außen mit Salz einreiben und abgedeckt 30–45 Minuten kühl stellen. Für den Salmoriglio das Salz in einen Mörser geben, alle Zutaten nacheinander zufügen und mit einem Stößel zerstoßen.

Inzwischen den Grill anheizen. Salz von den Sardinen abspülen, Fische mit Küchenpapier trockentupfen und 15 Minuten an der Luft trocknen lassen. Sobald die Flammen erloschen sind, einen gut geölten Grillrost über den heißen Kohlen erhitzen.

Wenn die Kohlen abgekühlt sind bzw. sich mit einer dicken Ascheschicht überzogen haben, Fisch mit Öl bestreichen und auf den Rost legen. Etwa 3 Minuten von einer Seite und etwa 2½ Minuten von der anderen Seite grillen. Mit dem Salmoriglio und der Focaccia servieren.

Auberginen-Kürbis-Salat
mit Fetakrümeln

Dieser köstliche Salat ist mit seiner Farbkombination nicht nur eine Labsal für die Augen, auch die verschiedenen Geschmacksrichtungen ergänzen sich vortrefflich. Vewenden Sie Pistaziensplitter: Sie passen hervorragend zum orangefarbenen Fleisch des Muskatkürbis.

Für 4 Personen

2 Auberginen

1 Muskatkürbis, etwa 1 kg, geschält

120 ml natives Olivenöl extra

1 TL Paprikapulver

150 g Fetakäse

50 g Pistazien, grob gehackt

Salz und gemahlener schwarzer Pfeffer

Auberginen quer in 5 mm dicke Scheiben schneiden, auf einem Tablett ausbreiten und mit etwas Salz bestreuen. 30 Minuten stehen lassen. Kürbis ebenso in Scheiben schneiden, Kerne mit einem Löffel herausschaben. Kürbisscheiben in eine Schüssel legen, leicht würzen und in 2 EL Öl wenden.

Grillblech erhitzen, bis darauf geträufelte Wassertropfen sofort verdampfen. Hitze etwas reduzieren und Kürbisscheiben portionsweise grillen. Von jeder Seite etwa 1½ Minuten anbraten, dann auf ein Tablett legen. Alle Scheiben auf diese Weise grillen, anschließend mit etwas Paprikapulver bestäuben.

Auberginenscheiben trockentupfen. Im restlichen Öl wenden und leicht würzen. Auf dieselbe Weise wie den Kürbis grillen. Wenn alle Scheiben gar sind, Aubergine und Kürbis in einer Schüssel mischen. Feta über den warmen Salat krümeln, gehackte Pistazien darüber streuen und mit dem restlichen Paprikapulver bestäuben.

Salat aus gegrilltem Halloumi und Bohnen mit Kartoffelspießen

Halloumi heißt der harte, salzige Ziegenkäse, der beim Draufbeißen quietscht. Er eignet sich gut zum Grillen und ist die perfekte Ergänzung zum herrlich frischen Geschmack der Gemüsezutaten. Dieser Salat kann auf dem Herd gegrillt werden, aber wenn der Grill ohnehin für ein anderes Gericht benutzt werden soll, sollten Sie die erste große Hitze der Kohlen gleich nach dem Anzünden ausnutzen.

Für 4 Personen

20 kleine neue Kartoffeln, Gesamtgewicht etwa 300 g

200 g extrafeine grüne Bohnen, geputzt

700 g breite (Fava-) Bohnen, gepalt (Gewicht nach dem Palen etwa 250 g)

200 g Halloumi-Käse, in 5 mm dicke Scheiben geschnitten

1 Knoblauchzehe, mit einer reichlichen Prise Salz zu einer Paste zerstoßen

6 EL Olivenöl

1 TL Apfelweinessig oder Weißweinessig

Eine Handvoll frische Basilikumblätter, zerpflückt

3 EL gehacktes frisches Bohnenkraut

2 Frühlingszwiebeln, in feine Scheiben geschnitten

Salz und gemahlener schwarzer Pfeffer

4 Metall- oder Holzspieße

Auf jeden Spieß fünf Kartoffeln stecken und etwa 7 Minuten in einem großen Topf mit kochendem Salzwasser garen oder bis sie fast weich sind. Grüne Bohnen zufügen und weitere 3 Minuten garen. Breite Bohnen zufügen und knapp 2 Minuten weiterkochen. Gemüse durch ein großes Sieb abgießen. Kartoffeln an den Spießen aus dem Sieb nehmen und die garen breiten Bohnen unter viel fließendem kaltem Wasser abschrecken. Aus jeder breiten Bohne die innere, hellgrüne Bohne herausdrücken. Bohnen in eine Schüssel geben und abgedeckt beiseite stellen.

Halloumischeiben und Kartoffelspieße in eine weite Schüssel geben. Knoblauch und Öl zusammen mit einer reichlichen Prise gemahlenem Pfeffer mit dem Schneebesen verrühren. In die Schüssel gießen und Halloumi und Kartoffelspieße in der Mischung wenden. Sobald die Flammen erloschen sind, Kohlen zu einer Seite schieben. Grillrost über den Kohlen erhitzen.

Wenn die Kohlen etwas abgekühlt sind bzw. sich mit einer feinen Ascheschicht überzogen haben, ein Grillblech darüber erhitzen, bis darauf geträufelte Wassertropfen sofort verdampfen. Käse und Kartoffelspieße auf das Grillblech legen und über den Kohlen von jeder Seite etwa 2 Minuten grillen. Wenn sie zu verkohlen drohen, Grillblech auf die kühlere Seite des Grillrostes schieben.

Dieses Gericht kann direkt auf dem Grill zubereitet werden. Sobald die Kohlen eine mittlere Temperatur erreicht haben, Gemüse und Käse von jeder Seite 2 Minuten anbraten.

Essig zur restlichen Öl-Knoblauch-Mischung in der Schüssel gießen und mit dem Schneebesen verrühren. Bohnen, Kräuter und Frühlingszwiebeln mit dem garen Halloumi darin schwenken. Mit den Kartoffelspießen servieren.

Gegrilltes Gemüse
mit Bagna cauda

Bagna cauda bedeutet „warmes Bad". Dieser kräftige Dip ist im Piemont die traditionelle Beilage zu rohem oder gegartem Gemüse. In der Regel wird er in einem Steinguttopf über einem Rechaud warm gehalten, am Rand eines fast erloschenen Grills geht das aber genauso gut. In diesem Rezept wird er zu gegrilltem Wurzelgemüse serviert. Reichen Sie zusammen mit ein wenig knusprigem italienischem Brot genügend jungen Rotwein dazu – derart köstliches Essen macht durstig!

Für 4–6 Personen

4 kleine Süßkartoffeln, Gesamtgewicht etwa 700 g

4 Karotten, Gesamtgewicht etwa 400 g

Pastinaken, Gesamtgewicht etwa 400 g

4 rohe Rote Beten, Gesamtgewicht etwa 400 g

450 g Spargel, geputzt

4 EL natives Olivenöl extra

Salz und gemahlener schwarzer Pfeffer

Für die Bagna cauda

3–4 Knoblauchzehen, zerdrückt

5 Sardellenfilets, abgetropft und zerkleinert

25 g Butter, ausgelassen

200 ml natives Olivenöl extra

Grill anheizen. Süßkartoffeln und Karotten jeweils längs in 8 Stücke schneiden, Pastinaken in je 7 und Rote Beten in je 10 Stücke. Alle Gemüsestücke außer den Beten auf einem großen Tablett im Öl wenden, dabei etwas Öl beiseite stellen. Rote Beten auf ein separates Tablett legen, damit sie nicht auf die anderen Gemüsesorten abfärben. Beten vorsichtig im restlichen Öl wenden und das ganze Gemüse kräftig würzen.

Für die Bagna cauda Knoblauch, Sardellen und Butter mit etwas Pfeffer in eine Küchenmaschine geben. 2 EL Öl zufügen und zu einem feinen Brei verarbeiten. Übriges Öl bei laufendem Motor zugießen. In eine feuerfeste Schüssel oder einen Topf schütten und zum Servieren über sehr schwacher Hitze am Rand des Grills oder über einem Topf mit siedendem Wasser ganz langsam erwärmen.

Sobald die Flammen erloschen sind, einen Grillrost über den Kohlen erhitzen. Wenn die Kohlen eine mittlere Temperatur erreicht bzw. sich mit einer mitteldicken Ascheschicht überzogen haben, Gemüse auf den Grillrost legen.

Von jeder Seite 3 Minuten angrillen oder bis das Gemüse weich ist und dunkelgoldene Grillstreifen aufweist. Gares Gemüse vom Rost nehmen und mit der warmen Bagna cauda servieren.

Dieses Gericht kann auch auf einem Grillblech zubereitet werden, sowohl drinnen auf dem Herd als auch draußen auf dem Grill. Die Zeitangaben bleiben dieselben wie im Rezept.

Für 4 Personen

2 kleine Schweinefilets, jeweils etwa 350 g

3 EL Olivenöl

Eine Handvoll frische Basilikumblätter, gehackt

50 g Pecorino, gerieben

½ TL Chiliflocken

Salz und gemahlener schwarzer Pfeffer

Schweinefilet mit Basilikum-Pecorino-Füllung

Dieses Gericht ist einfach herzurichten und sieht dabei besonders beeindruckend aus. Es eignet sich ideal für Grillpartys mit vielen Gästen, da mehrere Filets gleichzeitig gegrillt werden können. Dazu passt ein Salat aus Kichererbsen, bestreut mit fein gehackter Zwiebel und Petersilie, angemacht mit einem kräftigen Senfdressing.

Ein Filet der Länge nach etwa 1 cm tief einschneiden. Entlang der Schnittlinie weiterschneiden, bis es sich ganz aufklappen lässt. Zwischen zwei Lagen Backpapier legen und mit einem Nudelholz auf eine gleichmäßige Dicke von etwa 1 cm klopfen. Obere Lage Backpapier abnehmen und Fleisch mit etwas Öl bestreichen. Die Hälfte der Basilikumblätter auf das Fleisch drücken, mit der Hälfte des Pecorino und der Chiliflocken bestreuen. Leicht pfeffern. Das Filet längs zu einer Wurst aufrollen und mit Bindfaden zusammenbinden. Mit dem zweiten Filet ebenso verfahren. Mit dem restlichen Öl in eine flache Schüssel legen, abdecken und bis zum Grillen kühl stellen.

Grill anheizen. 20 Minuten vor Grillbeginn das Fleisch salzen. Überschüssiges Öl abwischen. Sobald die Flammen erloschen sind, die heißen Kohlen zu einer Seite schieben und eine Fettschale daneben stellen. Einen leicht geölten Grillrost über den Kohlen erhitzen.

Werden weder Deckel noch Fettschale benutzt, die Kohlen so verschieben, dass auf einer Seite des Grills weniger zu liegen kommen als auf der anderen. Filet während des Grillens häufig bewegen, damit es nicht anbrennt.

Wenn die Kohlen etwas abgekühlt sind bzw. sich mit einer feinen Ascheschicht überzogen haben, Filets über den Kohlen auf den Grillrost legen. 5 Minuten über den Kohlen grillen, dabei wenden und von allen Seiten anbraten, dann über die Fettschale legen und weitere 15 Minuten grillen. Mit einem Deckel oder einer Kuppel aus reißfester Alufolie abdecken und gelegentlich wenden. Gare Filets vom Grill nehmen und in Alufolie wickeln. 10 Minuten ruhen lassen, dann in Scheiben schneiden und servieren.

Rempah-Rempah-Burger

Ergibt 8 Stück

500 g Hackfleisch vom Rind
1 TL Sardellenpaste
2 TL Tomatenmark
2 TL gemahlener Koriandersamen
1 TL gemahlener Kreuzkümmel
1½ TL fein geriebener frischer Ingwer
2 Knoblauchzehen, zerdrückt
1 Eiweiß
75 g feste Kokoscreme
3 EL gehacktes frisches Koriandergrün
Salz und gemahlener schwarzer Pfeffer
8 frische Weinblätter (nach Belieben) zum Servieren

Dieses Rezept bekam ich vor Jahren von einem Freund aus Hongkong, wobei die Burger eigentlich indonesischen Ursprungs sind. Die Kokosnuss erscheint ungewöhnlich, verleiht den Burgern aber ein reiches, saftiges Aroma. Sie schmecken toll mit einem süß-scharfen Mango-Chutney.

Hackfleisch, Sardellenpaste, Tomatenmark, Koriandersamen, Kreuzkümmel, Ingwer und Knoblauch in einer Schüssel mischen. Eiweiß zufügen und nach Belieben salzen und pfeffern. Mit den Händen gut mischen, dabei das Eiweiß gleichmäßig einarbeiten. Kokoscreme reiben und mit dem Koriandergrün unter die Fleischmischung heben, ohne dass die Creme schmilzt. Acht kompakte Burger von etwa 7,5 cm Durchmesser formen und 30 Minuten kalt stellen.

Grill anheizen. Sobald die Flammen erloschen sind, die heißen Kohlen zu einer Seite schieben und eine Fettschale daneben stellen. Einen leicht geölten Grillrost über den Kohlen erhitzen. Wenn die Kohlen eine mittlere Temperatur erreicht bzw. sich mit einer mitteldicken Ascheschicht überzogen haben, gekühlte Burger über der Fettschale auf den Rost legen. 10–15 Minuten grillen, dabei ein- bis zweimal wenden.

Falls Weinblätter verwendet werden, diese waschen und mit Küchenpapier trockentupfen. Jeden Burger in ein Blatt wickeln. Mit Mango-Chutney und kleinen Naan- oder Pita-Broten servieren.

Hühnchen-Satay mit Pandanus und scharfem Cashew-Sambal

Die Blätter des Pandanusbaums, auch als Schraubenpalme bekannt, werden in der thailändischen und südostasiatischen Küche gern verwendet. Sie sind enorm vielseitig: Hier verleihen sie dem Hühnchen einen delikaten Geschmack und sehen dazu noch hübsch aus. Während die Spieße garen, entfalten die Pandanusblätter ihr Aroma und würzen so das Huhn.

Für 6 Personen

Etwa 1 kg Hühnerbrustfilets ohne Haut

2 EL Olivenöl

1 TL gemahlener Koriandersamen

½ TL gemahlener Kreuzkümmel

2,5 cm langes Stück frischer Ingwer, fein gerieben

2 Knoblauchzehen, zerdrückt

1 TL extrafeiner Zucker

½ TL Salz

18 lange Pandanusblätter, jeweils auf 21 cm Länge halbiert

36 lange Bambus- oder Holzspieße

Für das scharfe Cashew-Sambal

2 Knoblauchzehen, grob gehackt

4 kleine frische scharfe grüne Chilischoten (nicht der winzige Vogelaugenchili), Samen entfernt und in Scheiben geschnitten

50 g Cashewkerne

2 TL Zucker, vorzugsweise Palmzucker

5 EL helle Sojasauce

Saft von ½ Limette

2 EL Kokoscreme

Für das Sambal Knoblauch und Chilischoten in einem Mörser mittelfein zerstampfen. Cashewkerne zufügen und weiterstampfen, bis die Mischung fast glatt ist und nur noch wenig Struktur hat. Restliche Zutaten zufügen und ebenfalls zerstoßen, dann abdecken und bis zum Verzehr kühl aufbewahren.

Bambus- oder Holzspieße 30 Minuten wässern. Fleisch horizontal in dünne Scheiben und dann in etwa 2,5 cm breite Streifen schneiden. Im Öl wenden. Koriandersamen, Kreuzkümmel, Ingwer, Knoblauch, Zucker und Salz mischen. Hühnchenstreifen mit dieser Mischung einreiben und marinieren lassen, während der Grill vorbereitet wird.

Wenn Sie keine Pandanusblätter bekommen, können Sie das Huhn auch mit Pandanus-Essenz aromatisieren. Sie ist unter dem Namen Pandan in Asialäden erhältlich.

Auf jeden Spieß längs ein Pandanusblatt und ein Stück Huhn stecken. Sobald die Flammen erloschen sind, Kohlen zu einer Seite schieben. Grillrost über den Kohlen erhitzen.

Wenn die Kohlen eine mittlere bis geringe Temperatur erreicht bzw. sich mit einer mitteldicken bis dicken Ascheschicht überzogen haben, Spieße mit dem Fleisch nach unten über die Kohlen legen, mit einem Deckel oder einer Kuppel aus reißfester Alufolie abdecken und 5–7 Minuten garen. Sobald das Fleisch angebraten ist, Spieße auf dem Rost hin und her bewegen, damit die Blätter nicht verkohlen. Heiß mit dem Sambal servieren.

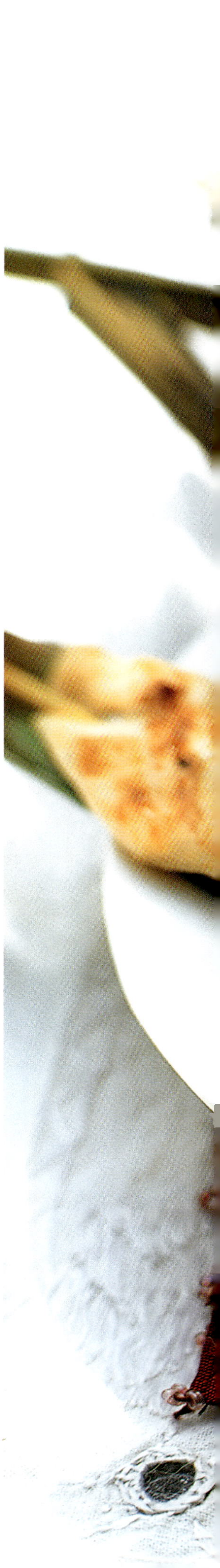

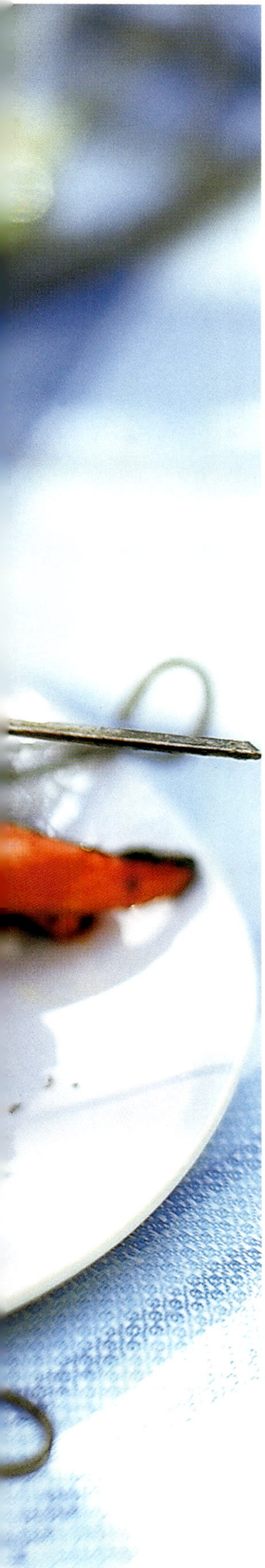

Seeteufel in Paprikakruste
mit Chorizo und Paprikaschoten

Seeteufel eignet sich besonders gut für Spieße, da er beim Grillen nicht zerfällt. Dieser Fisch verträgt sich gut mit anderen eher kräftigen Geschmacksrichtungen, wie dieser rauchigen Paprikakruste, den fruchtigen gegrillten roten Paprikaschoten und der würzigen Chorizo. Das leuchtende Weiß des Fisches beim Aufschneiden ergibt einen herrlichen Kontrast zur roten Kruste und der zart hellgrünen Gurken-Minze-Sauce.

Für 4 Personen

1 Seeteufelschwanz, etwa 1 kg, geputzt und filetiert

2 TL geräuchertes Paprikapulver

2 rote Paprikaschoten, halbiert und Samen entfernt

1 EL natives Olivenöl extra

16 dünne Scheiben Chorizo (spanische Paprikawurst)

Salz und gemahlener schwarzer Pfeffer

4 lange Spieße

Für die Gurken-Minze-Sauce

150 ml griechischer Joghurt

½ Gurke, längs halbiert und Samen entfernt

2 EL gehackte frische Minzeblätter

Beide Seeteufelfilets in eine flache Schüssel legen. Von allen Seiten mit 1 TL Salz einreiben, dann abdecken und 20 Minuten kühl stellen. Für die Sauce Joghurt in die Küchenmaschine geben. Gurke hineinschneiden, leicht salzen und zu einem blassgrünen Brei verarbeiten. In eine Servierschüssel geben und Minze einrühren.

Grill anheizen. Salz von den Seeteufelstücken waschen und den Fisch mit Küchenpapier leicht trockentupfen. Paprikapulver mit einer Prise Salz mischen und den Fisch behutsam gleichmäßig mit der Mischung einreiben. Die Paprikaschoten jeweils in zwölf lange Streifen und die Seeteufelfilets in jeweils zehn gleich große Stücke schneiden. Auf jeden Spieß sechs Stücke Paprika und fünf Stücke Fisch stecken und von einer Seite mit etwas nativem Olivenöl extra bestreichen.

Sie können die Chorizo-Scheiben auch auf einem heißen Grillblech auf dem Grillrost von jeder Seite 30 Sekunden grillen.

Sobald die Flammen erloschen sind, einen leicht geölten Grillrost über den Kohlen erhitzen. Wenn die Kohlen eine mittlere Temperatur erreicht bzw. sich mit einer mitteldicken Ascheschicht überzogen haben, Spieße mit der Ölseite nach unten etwa 3½ Minuten grillen. Oberseite dünn mit Öl bestreichen, wenden und weitere 3–4 Minuten grillen. Spieße vom Grill nehmen und warm halten. Chorizo-Scheiben in 1 oder 2 Sekunden auf dem Grill erwärmen.

Auf jeden Spieß eine Wurstscheibe stecken und den Rest auf einzelnen Tellern als Beilage reichen. Mit der Gurken-Minze-Sauce servieren.

Meeresfrüchte auf Zuckerrohrspießen

mit Tolee molee

Tolee molee sind kleine Beilagen, die in Myanmar, dem früheren Birma, zum Hauptgericht gereicht werden. Zu diesem Gericht passen besonders gut Kräuter, kross gebratene Zwiebeln und Chili-Garnelen-Paste, etwa die köstliche Balachaung. Mit den Zuckerrohrspießen lassen sich die Beilagen prima aufspießen.

Ergibt 12 Spieße

400 g Garnelen (Jumbo Shrimps), geschält

250 g Dorsch- oder Heilbuttfilet, gehäutet und in große Stücke geschnitten

Eine Prise gemahlene Kurkuma

¼ TL gemahlener weißer Pfeffer

¼ TL Salz

4 EL gehacktes frisches Koriandergrün

1 frische lange rote Chilischote, Samen entfernt und fein gehackt

2 EL Sonnenblumenöl

Ein Stück Zuckerrohr, in 12 Spieße geschnitten, oder 12 Holzspieße

Für das Tolee molee

Eine Hand voll Korianderblätter

3 EL Olivenöl

300 g milde Zwiebeln, halbiert und in dünne Streifen geschnitten

6 EL Balachaung

1 EL Zucker

Saft von ½ Limette

2 EL Wasser

Zuckerrohr- oder Holzspieße etwa 30 Minuten wässern. Garnelen entlang der Rückenkrümmung leicht einschneiden, den schwarzen Darmfaden mit einem Zahnstocher herausziehen oder mit Küchenpapier abwischen. Garnelen grob zerkleinern und mit Fisch, Kurkuma, Pfeffer und Salz in eine Küchenmaschine geben. Aus den Zutaten eine Paste herstellen. Koriandergrün und Chilischote zufügen und kurz unter die anderen Zutaten mischen. In eine Schüssel füllen und 30 Minuten kühlen.

Für das Tolee molee die Korianderblätter in eine kleine Servierschüssel mit kaltem Wasser legen. Olivenöl in einer großen Pfanne erhitzen und die Zwiebelscheiben auf mittlerer Hitze 10 Minuten braten, dabei gelegentlich umrühren. Die Hitze in den letzten Minuten erhöhen, damit die Zwiebeln goldbraun und kross werden. In eine Servierschüssel geben. Balachaung ebenfalls in eine Servierschüssel geben. Zucker, Limettensaft und abgemessenes Wasser mischen, unterrühren und das Balachaung beiseite stellen.

Grill anheizen. Mit feuchten Händen die Meeresfrüchtemischung in Form von kleinen ovalen Würstchen um die abgetropften Zuckerrohr- oder Holzspieße festdrücken.

Sobald die Flammen erloschen sind, einen leicht geölten Grillrost über den Kohlen erhitzen. Wenn die Kohlen eine mittlere Temperatur erreicht bzw. sich mit einer mitteldicken Ascheschicht überzogen haben, Meeresfrüchtemischung mit dem Sonnenblumenöl bestreichen und von jeder Seite etwa 3 Minuten grillen, bis die Spieße gerade gar sind. Mit dem Tolee molee servieren.

Um Zuckerrohrspieße herzustellen, das Zuckerrohr mit einem Kochmesser längs halbieren und in 1 cm breite, spitz zulaufende Stücke teilen. Zuckerrohr ist wie Chili-Garnelen-Paste in Asialäden erhältlich.

Makrele in Raffiabast

mit Pinienkern-Schinken-Füllung

Zu diesem Rezept für gefüllte Makrelen wurde ich durch ein beliebtes türkisches Gericht namens Uskumru dolmasi inspiriert. Die Makrelen werden gefüllt, mit Raffiabast umwickelt und dann gegrillt. Mit Rettich und Rauke schmecken sie kalt ebenso gut, also bereiten Sie ruhig ein paar mehr zu.

Für 6 Personen

3 EL Olivenöl

2 Zwiebeln, fein gehackt

2 Knoblauchzehen, zerdrückt

6 Scheiben Räucherschinken ohne Schwarte, gewürfelt

50 g Pinienkerne

3 EL gehackter frischer Majoran

6 Makrelen, je etwa 300 g, geputzt, aber mit Köpfen

Salz und gemahlener schwarzer Pfeffer

Zitronenspalten zum Servieren

Raffiabast, gewässert

Öl in einer großen Pfanne erhitzen, gehackte Zwiebeln und Knoblauch auf mittlerer Hitze 5 Minuten anschwitzen. Hitze erhöhen und Schinken und Pinienkerne zufügen. 5–7 Minuten weitergaren, bis die Mischung goldbraun ist, dabei gelegentlich umrühren. Zum Abkühlen in eine Schüssel geben. Majoran vorsichtig unterheben, leicht würzen und bis zum Gebrauch kühlen.

Fische vorbereiten. Dazu das Rückgrat am Kopfende durchtrennen. Bauchhöhle am Schwanzende erweitern, um besser an das Rückgrat zu kommen. Fisch umdrehen und über die gesamte Länge der Wirbelsäule fest mit dem Handballen drücken, um sie zu lösen. Rückgrat am Schwanzende durchtrennen, es lässt sich nun überraschend einfach herausziehen. Innenseite leicht würzen.

Bauchhöhle der einzelnen Makrelen mit gekühlter Zwiebelmischung füllen, dann den Fisch über die gesamte Länge mit Raffiabast verschnüren, um die Füllung zu fixieren. Mindestens 15 Minuten kühlen. Die Fische können bis zu 2 Stunden kühl gehalten werden, sollten aber etwa 15 Minuten vor dem Grillen möglichst wieder Raumtemperatur erlangen.

Wenn Sie die Makrelen auf einem Holzkohlen-Kugelgrill zubereiten und die Hitze zu groß ist, reduzieren Sie sie, indem Sie die Belüftungsschlitze halb schließen.

Grill anheizen. Sobald die Flammen erloschen sind, einen leicht geölten Grillrost über den Kohlen erhitzen. Wenn die Kohlen eine mittlere Temperatur erreicht bzw. sich mit einer mitteldicken Ascheschicht überzogen haben, Makrelen auf den Rost legen und von jeder Seite etwa 8 Minuten grillen oder bis sie gar und goldbraun sind.

Wenn der Grill einen Deckel hat, diesen beim Grillen schließen. So wird die Haut gleichmäßig goldbraun, ohne dass der Fisch bewegt werden muss. Makrelen mit Zitronenspalten und schwarzem Pfeffer servieren.

Patra ni macchi

Der Name dieses indischen Parsi-Gerichts bedeutet „Fisch im Blätterpaket". Ich habe es zum ersten Mal in Mumbai gegessen, wo ich bei einem Handelsbanker eingeladen war. Einer seiner Köche war einzig für die Zubereitung lokaler Gerichte zuständig. Er servierte einen Pomfret, der schmeckte, als wäre er aus dem Arabischen Meer direkt in sein Bananenblattpäckchen gesprungen. Hier wird statt Pomfret Lachs verwendet.

Für 6 Personen

50 g frische Kokosnuss, enthäutet und fein gerieben, oder

75 g Kokosraspel, in 2 EL Wasser eingeweicht

1 große Zitrone, Schale, weiße Haut und Samen entfernt und grob gehackt

4 große Knoblauchzehen, zerdrückt

3 große frische milde grüne Chilischoten, Samen entfernt und gehackt

50 g frisches Koriandergrün, grob gehackt

25 g frische Minzeblätter, grob gehackt

1 TL gemahlener Kreuzkümmel

1 TL Zucker

½ TL Bockshornkleesamen, fein gemahlen

1 TL Salz

2 große, ganze Bananenblätter

6 Lachsfilets, Gesamtgewicht etwa 1,2 kg, gehäutet

Alle Zutaten außer Bananenblätter und Lachs in eine Küchenmaschine geben und zu einer feinen Paste verarbeiten. Mischung in eine Schüssel füllen, abdecken und 30 Minuten kühlen.

Grill anheizen. Währenddessen die Pakete vorbereiten: Jedes Bananenblatt quer in drei Teile schneiden und von jedem Teil den harten äußeren Rand abschneiden. Blattstücke und Randstreifen in eine Schüssel mit heißem Wasser legen und etwa 10 Minuten einweichen. Abtropfen lassen, vorsichtig eventuelle weiße Rückstände abwischen, Blätter und Streifen abspülen und mit kochendem Wasser übergießen, damit sie weich werden. Abtropfen lassen und die Blätter mit der glatten Seite nach oben auf ein sauberes Küchenbrett legen.

Oberen und unteren Teil jeweils mit der Kokospaste bestreichen. Auf jedes Bananenblatt ein Filet legen. Schnittkante des Blattes über den Lachs legen, Seitenteile nach innen schlagen und die andere Kante über den Lachs falten, sodass ein ordentliches Päckchen entsteht. Jedes Päckchen fest mit einem Blattstreifen verschnüren.

Zum Fisch kleine Reispäckchen servieren: Gekochten Basmatireis mit Kurkuma einfärben und auf sechs weitere Bananenblattpäckchen verteilen. Jedes mit einem Spieß verschließen und auf dem Grill noch einmal erhitzen.

Päckchen einzeln auf je ein Blatt reißfeste Alufolie legen, Kanten nach oben biegen und oben zum Verschließen zusammenknüllen. Sobald die Flammen erloschen sind, einen leicht geölten Grillrost über den Kohlen erhitzen. Wenn die Kohlen eine mittlere Temperatur erreicht bzw. sich mit einer mitteldicken Ascheschicht überzogen haben, Lachspäckchen auf den Rost legen und etwa 10 Minuten grillen, dabei einmal wenden.

Lachspäckchen auf einzelne Teller legen und 2–3 Minuten ruhen lassen. Alufolie entfernen, Päckchen vorsichtig aufschnüren und den Fisch direkt aus dem Bananenblatt essen.

Gegrillte Nektarinen
mit Amaretti morbidi und Pfirsich-Syllabub

Dieses italienische Dessert mit dem unwiderstehlichen Syllabub mit Pfirsichschnapsaroma macht sofort süchtig! Die Italiener haben schon immer gerne und mit köstlichen Ergebnissen Früchte mit Mandeln kombiniert. Hier kommen reife Nektarinen zum Einsatz, die mit einem leichten Karamellüberzug und Grillstreifen einfach umwerfend aussehen.

Für 8 Personen

125 ml Pfirsichschnaps
Saft von ½ Zitrone
25 g Puderzucker
300 ml Crème double
4 große reife Nektarinen, halbiert und entsteint
1 TL klarer Honig
24 Amaretti morbidi (weiche Mandelkekse)

Pfirsichschnaps, Zitronensaft und Puderzucker in einer großen, tiefen Schüssel mischen. Abdecken und kühl stellen.

Grill anheizen. Unter ständigem Rühren mit einem Handrührgerät die Crème double nach und nach unter die Schnapsmischung mischen, bis das Syllabub gerade die Form behält. Nicht zu lange schlagen! Syllabub kühlen, während das Obst gegrillt wird.

Jede Nektarinenhälfte mit etwas Honig bestreichen. Sobald die Flammen erloschen sind, einen leicht geölten Grillrost über den Kohlen erhitzen. Wenn die Kohlen eine mittlere Temperatur erreicht bzw. sich mit einer mitteldicken Ascheschicht überzogen haben, Nektarinen mit der Schnittseite nach unten auf den Grillrost legen und etwa 1 Minute grillen.

Amaretti morbidi von jeder Seite etwa 45 Sekunden grillen, bis sie durchgewärmt und an der Oberseite karamellisiert sind. Nektarinen und Amaretti mit dem Syllabub servieren.

Diese Nektarinen lassen sich auch ganz einfach auf dem Grillblech zubereiten, entweder auf dem Grill oder auf dem Herd. Die Zeitangaben bleiben dieselben wie im Rezept.

Braucht etwas Zeit

Braucht etwas Zeit

So machen Einladungen Spaß: alles in Ruhe vorbereiten und am großen Tag entspannen

Zufriedenheit macht sich breit, wenn die ganze Arbeit schon erledigt ist und Sie nur noch eine kleine Salsa verquirlen oder grillfertige Spieße auf den Grill legen müssen. Wenn Sie vorher genügend Zeit haben, nutzen Sie sie, um Basilikum in Öl einzulegen, eine kräftige Aji-Amarillo-Konfitüre herzustellen oder eine gegrillte Chili-Kräuter-Polenta vorzubereiten und dann alles beiseite zu stellen, damit sich der Geschmack in Ruhe entfalten kann. Maiskolben, mit Chipotle-Chili-Butter bestrichen und in die Hüllblätter gewickelt, oder Lamm in einer Rosmarinmarinade werden noch besser, wenn sie ein paar Stunden ruhen. Und Sie können sich in der Zwischenzeit entspannen – in der sicheren Gewissheit, dass alles großartig duften und schmecken wird, wenn es erst auf dem Grillrost oder dem Grillblech vor sich hin zischt.

Gegrillte Chili-Kräuter-Polenta
mit scharfem Pebre

Am liebsten verwende ich für dieses Gericht Pasilla-Chilischoten, deren Aroma an Trockenfrüchte mit einem Hauch Lakritz erinnert. Servieren Sie die Polenta mit einer chilenischen Salsa namens Pebre. Dieses Gericht eignet sich zusammen mit krossem Schinkenspeck besonders gut für einen deftigen Sonntagsbrunch.

Für 6–12 Personen

2 TL getrocknete Pasilla-Chiliflocken, zerstoßen
1,25 l Wasser
250 g Instant-Polenta
50 g Butter
75 g Parmesan, fein gerieben
2 EL gehackter frischer Dill
2 EL gehacktes frisches Koriandergrün
2 EL Olivenöl
Salz

Für den Pebre

½ rosa Zwiebel, fein gehackt
4 süße Kirschpaprikaschoten aus dem Glas, abgetropft und fein gehackt
1 frische mittelscharfe rote Chilischote, Samen entfernt und fein gehackt
1 kleine rote Paprikaschote, geviertelt und Samen entfernt
2 TL Himbeeressig
2 EL Olivenöl
4 Tomaten, halbiert, Kerngehäuse und Samen entfernt und grob gehackt
3 EL gehacktes frisches Koriandergrün

Getrocknete Chiliflocken hacken, damit sie noch feiner werden. Mit dem Wasser in eine Pfanne geben, zum Kochen bringen und nach Belieben Salz zufügen. Polenta gleichmäßig unter ständigem Rühren mit dem Schneebesen einrühren. Hitze reduzieren und einige Minuten weiterrühren. Wenn die Polenta eingedickt ist und wie ein Vulkan blubbert, mit dem Schneebesen Butter, Parmesan und Kräuter einrühren. Salzen. Auf ein gefettetes 33 x 23 cm großes Backblech gießen und abkühlen lassen. Nicht abdecken, sodass die Oberfläche hart wird, und über Nacht kalt stellen.

Etwa 1 Stunde vor dem Servieren den Pebre herstellen. Dazu Zwiebel, süße Kirschpaprika- und Chilischoten in einen Mörser geben. Die Haut von den Paprikavierteln abschälen, das Fleisch fein würfeln und mit Himbeeressig und Olivenöl in den Mörser geben. Etwa 1 Minute mit dem Stößel zerstampfen, dann in eine Servierschüssel füllen. Tomaten und Koriander unterrühren, abdecken und an einen kühlen Ort stellen.

Polenta aus dem Kühlschrank nehmen und etwa 30 Minuten stehen lassen. In zwölf gleich große Dreiecke schneiden und die Oberseiten mit Öl bestreichen. Ein Grillblech erhitzen, bis darauf geträufelte Wassertropfen sofort verdampfen. Auf mittlere Hitze reduzieren und die Polentadreiecke portionsweise mit der Ölseite nach unten ungefähr 2 Minuten grillen, dann um 180 Grad drehen und 1 Minute weitergrillen, um das hübsche Gittermuster zu erzielen. Polenta mit dem gekühlten Pebre sofort servieren.

Die Polentadreiecke können auch direkt auf einem geölten Grillrost über dem Grill gegart werden. Erst wenn sie auf einer Seite gut angebraten sind, wenden und von der anderen Seite grillen.

Gefüllter Tintenfisch am Spieß

Tintenfisch selbst zuzubereiten mag wie eine Strafarbeit erscheinen, aber so können Sie vollkommen sicher sein, ganz frische Ware zu verarbeiten. Wenn es Ihnen lieber ist, können Sie jedoch auch den Fischhändler bitten, Ihnen die Arbeit abzunehmen. Die Tentakel sind ein besonders köstlicher Teil des Tintenfischs, verwenden Sie sie also mit.

Für 6 Personen

12 ganze Tintenfische, Gesamtgewicht etwa 700 g

3 EL natives Olivenöl extra, plus ein wenig Öl zum Bestreichen

2 Zwiebeln, fein gehackt

3 Knoblauchzehen, zerdrückt

2 EL Walnüsse, fein gehackt

1½ TL gemahlener Sumach (ein orientalisches Gewürz, erhältlich in türkischen Läden) oder ein Spritzer Zitronensaft

¼ TL Chiliflocken, fein gehackt

75–100 g Rauke (Rucola), harte Stängel entfernt

125 g gekochter Reis

Salz und gemahlener schwarzer Pfeffer

6 Holz- oder Metallspieße

Zitronen- und Limettenspalten zum Servieren

Tintenfisch fest in einer Hand halten und mit der anderen die Tentakel an der Basis greifen. Kopf vom Körper abziehen, dabei die Eingeweide mit herausziehen. Tentakel (und den Teil des Kopfes oberhalb der Augen) mit dem Messer von den Eingeweiden lösen. Die harten Kauwerkzeuge aus dem Tentakelbüschel herausschneiden und zusammen mit den Eingeweiden am Rest des Kopfes wegwerfen. Die leicht violette Membran vom Körper abziehen, dann das harte transparente Fischbein herausziehen und wegwerfen. Tentakelbüschel und Körper unter fließendem kaltem Wasser von innen und außen gründlich waschen.

Tentakel auf einen Teller legen, abdecken und kühl stellen. Flossen vom Körper abziehen, fein hacken und beiseite stellen. Körper mit den Tentakeln so belassen.

Pfanne erhitzen. Öl, Zwiebeln und Knoblauch zufügen und 5 Minuten braten oder bis die Zwiebeln weich und goldbraun sind. Gehackte Tintenfischflossen zufügen und etwa 1 Minute braten, dann Walnüsse, Sumach und Chiliflocken unterrühren. Rauke zufügen und unter Rühren weiterbraten, bis sie zusammengefallen ist. Reis unterrühren, kräftig würzen und zum Abkühlen in eine Schüssel füllen. Falls Holzspieße verwendet werden, diese 30 Minuten wässern.

Wenn Sie die Tintenfische im Voraus zubereiten, können sie bis zum Gebrauch kalt gestellt werden. Vor dem Grillen müssen sie jedoch wieder auf Raumtemperatur gebracht werden.

Grill anheizen. Tintenfische mit der kalten Mischung füllen und auf jeden Spieß zwei Tintenfische und zwei Tentakelbüschel stecken. In Öl und Salz wenden. Sobald die Flammen erloschen sind, einen leicht geölten Grillrost über den Kohlen erhitzen. Wenn die Kohlen eine mittlere Temperatur erreicht bzw. sich mit einer mitteldicken Ascheschicht überzogen haben, Tintenfische von jeder Seite etwa 1½ Minuten grillen. Wenn sie einen hellen Goldton angenommen haben, an einen kühleren Teil des Grills schieben und von jeder Seite weitere 1½ Minuten grillen, damit die Füllung durch und durch heiß wird. Beim Wenden mit restlicher Öl-Salz-Mischung bestreichen. Mit Zitronen- und Limettenspalten servieren.

Im Hüllblatt gegrillte Maiskolben

Die Hüllblätter am Maiskolben schützen die Kerne und schließen die Butter ein, sodass der Geschmack erhalten bleibt. Aber mit Bananenblättern oder einer doppelten Schicht Alufolie geht es auch.

Für 6 Personen

3 getrocknete Chipotle-Chilischoten

250 g weiche Butter

1½ TL Zitronensaft

3 EL gehackte frische glatte Petersilie

6 Maiskolben mit intakten Hüllblättern

Salz und gemahlener schwarzer Pfeffer

Eine schwere Pfanne erhitzen und getrocknete Chilischoten unter ständigem Rühren 1 Minute rösten. In eine Schüssel geben und mit fast kochendem Wasser bedecken. Mit einer Untertasse unter Wasser halten und so bis zu 1 Stunde einweichen. Abtropfen lassen, Samen entfernen und Chilischoten fein hacken. Butter in eine Schüssel geben und Chilischoten, Zitronensaft und Petersilie zufügen. Nach Belieben abschmecken und gut mischen.

Hüllblätter von den Maiskolben abziehen. Fäden entfernen. Etwa 2 EL der Chilibutter auf jeden Kolben streichen. Hüllblätter wieder so über die Kolben ziehen, dass die Butter gut bedeckt ist. Übrige Butter in ein Gefäß füllen, Oberfläche glattstreichen und für den späteren Gebrauch kühlen. Maiskolben in kaltes Wasser legen und 1–3 Stunden kühl stellen.

Grill anheizen. Maiskolben aus dem Wasser nehmen und paarweise in Alufolie wickeln. Sobald die Flammen erloschen sind, einen leicht geölten Grillrost über den Kohlen erhitzen. Wenn die Kohlen eine mittlere Temperatur erreicht bzw. sich mit einer mitteldicken Ascheschicht überzogen haben, Maiskolben 15–20 Minuten grillen. Folie entfernen und 5 Minuten weitergrillen, dabei häufig wenden, um die Hüllblätter etwas zu schwärzen. Heiß mit der restlichen Butter servieren.

Heiße Avocadohälften
mit Balsamico-Essig und Basilikumöl

Wenn Sie das Basilikumöl im Voraus zubereiten oder fertiges Basilikumöl kaufen, ist dieses kinderleichte Gericht im Handumdrehen fertig. Als Vorspeise ist es ein echter Hingucker und kann gut als Appetithäppchen serviert werden, während die anderen Speisen noch auf dem Grill brutzeln.

Für 6 Personen

3 reife Avocados, am besten schmeckt die Sorte „Hass"

7 EL Balsamico-Essig

Für das Basilikum-Öl

Zwei Hände voll frische Basilikumblätter, Stängel entfernt

200 ml Olivenöl

Für das Basilikumöl die Blätter mit kochendem Wasser übergießen. 30 Sekunden stehen lassen, abgießen, unter kaltem Wasser abschrecken und abtropfen lassen. Wasser ausdrücken und Blätter mit Küchenpapier abtupfen. Mit dem Öl in eine Küchenmaschine geben und zu einem Brei verarbeiten. In eine Schüssel geben, abdecken und über Nacht kühlen.

Ein Sieb mit Musselin (Gaze) auslegen, über eine tiefe Schüssel legen und den Basilikumbrei hineingießen. 1 Stunde stehen lassen oder bis das Öl in die Schüssel gelaufen ist. Feste Bestandteile wegwerfen, Öl in eine Flasche gießen und kühlen.

Grill anheizen. Avocados halbieren und Stein entfernen. Mit etwas Öl bestreichen. Balsamico-Essig in einer Pfanne auf dem Herd oder dem Grill langsam erhitzen. Wenn er zu sieden beginnt, 1 Minute kochen lassen oder bis er sirupartig einzudicken beginnt. Sobald die Flammen erloschen sind, einen leicht geölten Grillrost über den Kohlen erhitzen. Wenn die Kohlen etwas abgekühlt sind bzw. sich mit einer feinen Ascheschicht überzogen haben, Grillblech erhitzen, bis darauf geträufelte Wassertropfen sofort verdampfen. Hitze etwas reduzieren, Avocadohälften mit der Schnittseite nach unten auf das Blech legen und 30–60 Sekunden grillen, bis sich Grillstreifen zeigen. Heiß mit dem Essig und etwas Öl beträufelt servieren.

Shish Kebab
mit Sumach und Joghurt

Sumach ist ein Gewürz, das aus den gemahlenen purpurfarbenen Beeren des Sumachbaums hergestellt wird und ein säuerliches Aroma hat. Sie können es in türkischen oder arabischen Läden erhalten.

Ergibt 8 Spieße

700 g Lammschulterfilet, Fettrand abgeschnitten und in 2,5 m dicke Stücke geschnitten

Je 1 TL Fenchelsamen, Kreuzkümmel und Koriandersamen, geröstet und zerstoßen

¼ TL Cayennepfeffer

5 cm langes Stück frischer Ingwer

150 ml griechischer Joghurt

2 kleine rote Paprikaschoten

2 kleine gelbe Paprikaschoten

300 g kleine oder Perlzwiebeln

2 EL Olivenöl

1 EL gemahlener Sumach

Salz und gemahlener schwarzer Pfeffer

8 lange Metallspieße

Zum Servieren

8 libanesische Fladenbrote

150 ml griechischer Joghurt

1 TL gemahlener Sumach

1 Bund Rauke (Rucola), etwa 50 g

50 g frische glatte Petersilie

2 TL Olivenöl

Saft von ½ Zitrone

Lammstücke in eine Schüssel legen und mit den zerstoßenen Samen und dem Cayennepfeffer bestreuen. Ingwer reiben und über dem Lamm ausdrücken, Ingwerbrei anschließend wegwerfen. Joghurt darüber gießen, gut mischen, abdecken und über Nacht im Kühlschrank marinieren lassen.

Grill anheizen. Ein großes Sieb über eine Schüssel legen und Fleisch mit Marinade hineinschütten. Gut abtropfen lassen. Paprikaschoten halbieren, Scheidewände und Samen entfernen, dann das Fleisch in große Stücke schneiden und in eine Schüssel geben. Zwiebeln und Olivenöl zufügen. Abgetropftes Fleisch mit Küchenpapier abtupfen, um überschüssige Marinade zu entfernen. Lamm in die Schüssel geben, würzen und durch Bewegen der Schüssel alles gut mischen. Lamm, Paprika und Zwiebeln in je acht gleiche Portionen teilen und auf die Spieße stecken. Dabei nicht zu eng aneinander drücken, da die Zutaten sonst nicht richtig braun werden.

Bei Verwendung eines Grillblechs die Spieße erst auf starker Hitze anbraten, dann die Hitze reduzieren und Spieße häufig wenden.

Sobald die Flammen erloschen sind, einen leicht geölten Grillrost über den Kohlen erhitzen. Wenn die Kohlen eine mittlere Temperatur erreicht bzw. sich mit einer mitteldicken Ascheschicht überzogen haben, Spieße etwa 10 Minuten grillen, dabei alle 2 Minuten wenden, damit Fleisch und Gemüse nicht ankohlen. Gare Spieße auf eine Servierplatte legen, mit etwas Sumach bestreuen, lose mit Alufolie abdecken und einige Minuten ruhen lassen. Währenddessen die Beilagen zubereiten.

Brote in Alufolie wickeln und auf dem Grill erwärmen. Joghurt in eine kleine Servierschüssel geben und die Oberfläche mit Sumach bestreuen. Rauke und Petersilie jeweils in einer Schüssel anrichten und mit Öl und Zitronensaft übergießen. Mit den Spießen und dem warmen Fladenbrot servieren.

Entbeinte Lammkeule mit Kräutern

Die entbeinte Lammkeule wird mit dem so genannten Schmetterlingsschnitt mittig aufgeschnitten, damit sie auf dem Grill rasch gar wird und innen zart und blutig bleibt. Anschließend wird das Fleisch mit Fenchelsamen eingerieben, die ein würziges Aroma verleihen.

Für 6 Personen

1 Lammkeule, etwa 1,8 kg, entbeint und mittig aufgeschnitten

1 Zitrone

1 TL Fenchelsamen (falls erhältlich: 1 EL gemahlene australische Anismyrte), mit 2 TL getrocknetem Thymian, gemahlen

6 EL natives Olivenöl extra

Salz und gemahlener schwarzer Pfeffer

3 lange Metallspieße

Lammfleisch in eine flache Schüssel legen. Zitrone über beiden Seiten ausdrücken, anschließend pfeffern. Fleisch von beiden Seiten mit Fenchelsamen und Thymian und Öl einreiben. Abdecken und im Kühlschrank über Nacht marinieren lassen. 1½ Stunden vor dem Grillen aus dem Kühlschrank nehmen. Nach 30 Minuten von allen Seiten mit Salz einreiben.

Grill anheizen. Lammfleisch aus der Marinade nehmen, Marinade beiseite stellen. Fleisch mit Küchenpapier abtupfen, dann an drei Stellen mit den Spießen durchstechen, damit es flach bleibt. Sobald die Flammen erloschen sind, die heißen Kohlen auf eine Seite schieben und eine Fettschale daneben aufstellen. Einen leicht geölten Grillrost über den Kohlen erhitzen. Wenn die Kohlen etwas abgekühlt sind bzw. sich mit einer feinen Ascheschicht überzogen haben, Fleisch über den Kohlen auf den Rost legen und 3–5 Minuten von einer Seite angrillen. Fleisch wenden und wieder auf den Grillrost legen, diesmal über der Fettschale. Mit einer Kuppel aus Alufolie abdecken. Lamm 20 Minuten grillen, dabei gelegentlich mit der Marinade bepinseln.

Fleisch zurück über die Kohlen schieben, Deckel wieder aufsetzen und weitere 5–8 Minuten grillen. Auf ein Tablett legen und unter einer Kuppel aus Aluminiumfolie 10–15 Minuten ruhen lassen. In dicke Scheiben schneiden und mit dem Saft aus der Fettschale servieren.

Rosmarin-Lammkoteletts

Die ganze Arbeit bei diesem Rezept wird am Vorabend erledigt. Bei uns gehörte es regelmäßig zum Ferienessen. Zusammen mit einer Flasche Rotwein, Salat, Brot und Käse schmeckte das gegrillte Lammfleisch einfach himmlisch!

Für 4–6 Personen

Lammrücken mit 2 x 8 Rippen, Knochen freigelegt

8 große frische Rosmarinzweige

2 Knoblauchzehen, in dünne Scheiben geschnitten

6 EL natives Olivenöl extra

2 EL Rotwein

Salz und gemahlener schwarzer Pfeffer

Lammrücken in acht Portionen teilen, jede bestehend aus zwei verbundenen Koteletts, und an jede einen Rosmarinzweig binden. In einer Schicht in einer Schüssel auslegen. Knoblauch, Öl und Wein mischen und über das Fleisch gießen, abdecken und 12 Stunden kalt stellen, dabei die Fleischstücke so oft wie möglich wenden.

Fleisch 1 Stunde vor dem Grillen auf Raumtemperatur bringen. Grill anheizen. Lammfleisch aus der Marinade nehmen. Fleisch 15 Minuten vor dem Grillen würzen. Sobald die Flammen erloschen sind, einen leicht geölten Grillrost über den Kohlen erhitzen. Wenn die Kohlen eine mittlere Temperatur erreicht bzw. sich mit einer mitteldicken Ascheschicht überzogen haben, Lammkoteletts aufrecht auf den Grill stellen, dazu gegeneinander lehnen. Mit einem Deckel oder einer Kuppel aus reißfester Alufolie abdecken und 2 Minuten grillen. Koteletts vorsichtig auf die Seite drehen und von jeder Seite weitere 4 Minuten grillen, wenn das Fleisch blutig sein soll, bzw. 5 Minuten, wenn es medium serviert wird. Lammkoteletts vom Grill nehmen und vor dem Servieren abgedeckt 5–10 Minuten ruhen lassen.

Gegrilltes Bulgogi
mit Sigumchi namul und Kimchi

Für 4 Personen

500 g Rinderfilet (Lende)

1 EL Zucker

2 EL helle Sojasauce

2 EL Sesamöl

2 Knoblauchzehen, mit 1 weiteren TL Zucker zu einer Paste zerdrückt

½ TL fein gemahlener schwarzer Pfeffer

Für das Kimchi

500 g Chinakohl, quer in 2,5 cm breite Streifen geschnitten

4 EL Sonnenblumenöl

1 EL Sesamöl

50 g Zucker

7 EL weißer Reisessig

2,5 cm langes Stück frischer Ingwer, fein gehackt

3 Knoblauchzehen, fein gehackt

1 frische dicke mittelscharfe rote Chilischote

2 Frühlingszwiebeln, in dünne Scheiben geschnitten

Für das Sigumchi namul

350 g junger Blattspinat

2 TL Sesamöl

2 EL helle Sojasauce

1 EL Mirin

2 TL Sesamsamen, fein geröstet

Das erste Mal aß ich dieses marinierte Rindfleisch in einem kleinen koreanischen Grillrestaurant im Keller des Hyatt Regency in Hongkong. Die Luft im Restaurant war so verraucht, dass man eigentlich nur hingehen konnte, wenn man ohnehin vorhatte, abends die Haare zu waschen. Das Bulgogi wird hier mit Schüsseln voll Sigumchi namul – einer Mischung aus Spinat, Sesamöl und Sesamsamen – und meiner Version von Kimchi serviert.

Rindfleisch 1 Stunde tiefkühlen, damit es leichter in Scheiben zu schneiden ist. Aus der Tiefkühltruhe nehmen und in möglichst dünne Scheiben schneiden. In Lagen in eine flache Schüssel geben, dabei jede Schicht mit Zucker bestreuen. Abdecken und 30 Minuten kühlen. Sojasauce, Sesamöl, Knoblauchpaste und Pfeffer in einer Schüssel mischen und so über das Fleisch gießen, dass alle Scheiben gut damit bedeckt sind. Abdecken und über Nacht kalt stellen.

Für das Kimchi den Chinakohl in viel kochendem Wasser 5 Sekunden blanchieren, abtropfen lassen und unter fließendem kaltem Wasser abschrecken. Erneut abtropfen lassen und mit Küchenpapier das restliche Wasser abtupfen. Chinakohl in eine Schüssel geben. Restliche Zutaten mischen und zum Kohl geben. Durch Bewegen der Schüssel mischen, abdecken und kalt stellen. Kimchi kann bis zu 2 Tage im Voraus zubereitet werden, schmeckt aber am besten, wenn es innerhalb von 2 Stunden gegessen wird.

Für das Sigumchi namul den Spinat in kochendem Wasser 1 Minute blanchieren, abtropfen lassen und unter fließendem kaltem Wasser abschrecken. Erneut abtropfen lassen, mit Küchenpapier das restliche Wasser abtupfen und in eine Servierschale füllen. Öl, Sojasauce und Mirin mischen und mit den Sesamsamen unter den Spinat heben. Abdecken und an einen kühlen Ort (nicht in den Kühlschrank!) stellen. Innerhalb von 2 Stunden servieren.

Grillblech auf dem Herd über großer Hitze erwärmen, bis darauf geträufelte Wassertropfen sofort verdampfen. Fleisch portionsweise von jeder Seite 15–20 Sekunden anbraten. Sofort mit dem Sigumchi namul und dem Kimchi servieren.

Bulgogi wird am besten auf einem Einweggrill mit engen Gitterabständen gegrillt, da das Fleisch bei anderen Grills durch den Rost fallen kann. Sie können aber auch das Grillblech über sehr heißen Kohlen verwenden.

Schweinerippchen nach Szetschuan-Art
mit Ingwer-Schalotten-Relish

Dieses Gericht gelingt am besten, wenn die Schweinerippchen in großen Stücken gegrillt und erst zum Servieren geschnitten werden. Das verhindert nicht nur das Austrocknen, sondern es macht auch allen Anwesenden Appetit darauf, an einer saftigen Rippe zu knabbern.

Für 4 Personen

4 Stück Schweinerippchen mit je 6 Rippen, Gesamtgewicht etwa 2 kg

3 EL heller Farinzucker

3 Knoblauchzehen, zerdrückt

5 cm langes Stück frischer Ingwer, fein gerieben

2 TL Szetschuan-Pfefferkörner, fein zerstoßen

½ TL gemahlener schwarzer Pfeffer

1 TL fein gemahlener Sternanis

1 TL chinesisches Fünf-Gewürze-Pulver

6 EL dunkle Sojasauce

3 EL Sonnenblumenöl

1 EL Sesamöl

Für das Relish

4 EL Sonnenblumenöl

300 g Schalotten, fein gehackt

9 Knoblauchzehen, zerdrückt

7,5 cm langes Stück frischer Ingwer, fein gerieben

4 EL Sushi-Essig

3 EL süße Chilisauce

7 EL Tomatenketchup

6 EL Wasser

4 EL gehacktes frisches Koriandergrün

Salz

Rippchenstücke in eine große, flache Schüssel legen. Übrige Zutaten in einer Schüssel mischen und die Marinade über die Rippchen gießen, dabei gleichmäßig bedecken. Abdecken und über Nacht kalt stellen.

Das Relish kann bereits am Vortag zubereitet werden. Dazu das Öl in einem schweren Topf erhitzen, Schalotten zufügen und bei geringer Hitze 5 Minuten andünsten. Knoblauch und Ingwer zufügen und etwa 4 Minuten weiterdünsten. Hitze erhöhen und alle übrigen Zutaten außer dem Koriander zufügen. Mit Deckel bei schwacher Hitze 10 Minuten einkochen lassen. In eine Schüssel geben und Koriander einrühren. Wenn die Mischung vollkommen erkaltet ist, bis zum Verzehr kalt stellen.

Rippchen 1 Stunde vor dem Grillen aus dem Kühlschrank nehmen. Grill anheizen. Rippchen aus der Marinade nehmen und mit Küchenpapier trockentupfen. Marinade in einen Topf gießen. Auf dem Herd zum Kochen bringen, Hitze reduzieren und 3 Minuten köcheln lassen.

Die Schalotte ist die feinere Verwandte der Zwiebel. Sie entfaltet roh am besten ihr mildes Aroma.

Sobald die Flammen erloschen sind, die heißen Kohlen vorsichtig auf eine Seite schieben und eine große Fettschale daneben stellen. Einen leicht geölten Grillrost über den Kohlen erhitzen. Wenn die Kohlen etwas abgekühlt sind bzw. sich mit einer feinen Ascheschicht überzogen haben, Rippchen über den Kohlen auf den Rost legen und von jeder Seite 3 Minuten grillen, dann über die Fettschale schieben. Mit einem Deckel oder einer Kuppel aus reißfester Alufolie abdecken und weitere 30–35 Minuten grillen, dabei wenden und gelegentlich mit der Marinade bepinseln.

Wenn die Rippchen wegen des häufigen Bepinselns nicht kross genug werden, rasch wieder über die Kohlen schieben. 5 Minuten vor Ende der Grillzeit mit dem Bestreichen aufhören. Zum Servieren in einzelne Rippchen schneiden und das Relish dazu reichen.

Mini-Hühnchenfilets
mit Aji-Amarillo-Konfitüre

Aji Amarillo ist eine gelblich orangefarbene peruanische Chilisorte, sehr fruchtig und recht scharf. Darum sollte die Konfitüre am Vortag zubereitet werden, damit der Geschmack milder wird und sich besser entfalten kann. Die Hühnchenfilets werden in mit Knoblauch aromatisiertes Öl getaucht und anschließend ganz kurz gegrillt.

Für 4 Personen

4 Hühnerbrustfilets ohne Haut, je in 4 lange Streifen geschnitten

2 Knoblauchzehen, mit ½ TL Salz zu einer Paste zerstoßen

2 EL Olivenöl

Gemahlener schwarzer Pfeffer

Für die Aji-Amarillo-Konfitüre

50 g getrocknete Aji-Amarillo-Chilischoten

125 ml Wasser

4 TL Olivenöl

2 Zwiebeln, fein gehackt

3 Knoblauchzehen, zerdrückt

1 TL gemahlener Kreuzkümmel

2 TL Oregano

125 g Zucker

200 ml Cidre oder Weißweinessig

2 kleine orange Paprikaschoten, geviertelt und Samen entfernt

Aji-Amarillo-Konfitüre zubereiten: Eine schwere Pfanne erhitzen, getrocknete Chilischoten hineingeben und unter ständigem Rühren etwa 1½ Minuten rösten, ohne sie schwarz werden zu lassen. Mit so viel fast kochendem Wasser in eine Schüssel geben, dass sie gerade bedeckt sind. Mit einer Untertasse unter Wasser drücken und etwa 2 Stunden oder auch länger einweichen.

Chilischoten der Länge nach aufschneiden, Samen entfernen und Fleisch in kleine Würfel schneiden. In eine Küchenmaschine geben, Wasser zufügen und zu einem Brei verarbeiten. Öl in einem schweren Topf erhitzen, Zwiebeln und Knoblauch hineingeben und auf schwacher Hitze 5 Minuten dünsten. Kreuzkümmel, Oregano und Chilibrei zufügen. Zucker einrühren, bis die Mischung sirupartig eindickt, dann den Essig zufügen und gut umrühren. Mischung zum Kochen bringen, dann Hitze reduzieren und 30 Minuten köcheln lassen.

Inzwischen ein Grillblech erhitzen, bis darauf geträufelte Wassertropfen sofort verdampfen. Paprikaschoten mit der Hautseite nach unten rösten, bis die Haut schwarz wird. Paprika in eine Schüssel legen und mit Frischhaltefolie luftdicht verschließen. Wenn sie genügend abgekühlt sind, Haut abschälen und Fleisch fein würfeln. Zur Chilimischung geben und etwa 25 Minuten weiterköcheln lassen oder bis die Konfitüre eindickt. In eine Schüssel umfüllen. Nach dem Abkühlen abdecken und bis 30 Minuten vor dem Servieren kalt stellen.

Aji-Amarillo-Chili ist nur schwer erhältlich. Verwenden Sie ersatzweise den bekannteren Poblano-Chili.

Hühnchenteile in einer flachen Schüssel auslegen und Knoblauch, Öl und Pfeffer zufügen. Filets in der Mischung wenden, abdecken und 30–45 Minuten an einen kühlen Ort stellen, dabei gelegentlich wenden.

Grill anheizen. Sobald die Flammen erloschen sind, einen leicht geölten Grillrost über den Kohlen erhitzen. Wenn die Kohlen eine mittlere Temperatur erreicht bzw. sich mit einer mitteldicken Ascheschicht überzogen haben, Hühnchenteile von jeder Seite 2½–3 Minuten grillen oder bis sie gar sind und sich Grillstreifen zeigen. Fleisch währenddessen bewegen, damit es nicht verkohlt. Auf eine Servierplatte legen, abdecken und 5 Minuten warm stellen. Mit der Konfitüre servieren.

Tandoori-Huhn

mit Kachumbar

Kein Grillkochbuch, das etwas auf sich hält, kommt an einem Tandoori-Gericht vorbei – in diesem Fall serviert mit einem Chili-Zwiebel-Salat namens Kachumbar. Dafür eignen sich am besten die rosafarbenen Schalotten, nach denen man bei uns etwas suchen muss; es geht aber auch mit den milden weißen aus Italien.

Für 6 Personen

12 kleine Hähnchenschenkel, gehäutet

3 Knoblauchzehen, mit einer Prise Salz zu einer Paste zerstoßen

150 ml griechischer Joghurt

2 TL gemahlene Koriandersamen

1 TL gemahlener Kreuzkümmel

1 TL gemahlene Kurkuma

¼ TL Cayennepfeffer

½ TL Garam masala

1 EL Currypaste

Saft von ½ Zitrone

Salz

Angewärmte Naan- oder Pita-Brote zum Servieren

Für das Kachumbar

2 rosa Schalotten, halbiert und in dünne Scheiben geschnitten

2 TL Salz

4 cm langes Stück frischer Ingwer, fein geschnitzelt

2 frische lange grüne Chilischoten, Samen entfernt und fein gehackt

4 TL Zucker, vorzugsweise Palmzucker

Saft von ½ Zitrone

4 EL gehacktes frisches Koriandergrün

Bei jedem Hähnchenschenkel mit einem scharfen Messer rundherum das Fleisch einschneiden, das am Knochenende anhaftet. Schenkel in eine nichtmetallene Schüssel legen. Knoblauch, Joghurt, Gewürze, Currypaste und Zitronensaft in eine Küchenmaschine geben und glatt rühren. Hähnchenschenkel mit der Mischung übergießen, abdecken und über Nacht kalt stellen.

2 Stunden vor dem Servieren das Kachumbar herstellen. Dazu die Zwiebelscheiben in eine Schüssel geben, mit dem Salz bestreuen, abdecken und 1 Stunde stehen lassen. In ein Sieb schütten, unter fließendem kaltem Wasser gut abspülen, abtropfen lassen und trockentupfen. Scheiben grob zerkleinern und in eine Servierschüssel geben. Übrige Zutaten zufügen und gut mischen. Etwa 1 Stunde vor dem Grillen die Hähnchenschenkel durch ein Sieb über einer Schüssel abgießen. Das weiche Gelenkteil am Ende jedes Schenkels mit einem scharfen Messer entfernen. Schenkel wieder in die Schüssel mit der Marinade legen.

„Tandoori" bezeichnet einen indischen Lehmofen. Tandoori-Gerichte werden stets mariniert und anschließend gegrillt.

Grill anheizen. Etwa 30 Minuten vor dem Grillen die Hähnchenschenkel salzen. Sobald die Flammen erloschen sind, einen leicht geölten Grillrost über den Kohlen erhitzen. Wenn die Kohlen eine mittlere Temperatur erreicht bzw. sich mit einer mitteldicken Ascheschicht überzogen haben, Hähnchenschenkel vorsichtig aus der Marinade heben. Enden mit Streifen von Alufolie umwickeln, dann so auf den Rost legen, dass sie nicht direkt über den Kohlen liegen. Mit einem Deckel oder einer Kuppel aus Alufolie abdecken und 5 Minuten grillen, dabei häufig wenden. Schenkel mit etwas Marinade bestreichen und 5–7 Minuten weitergrillen oder bis sie gar sind. Heiß mit dem Kachumbar und den Broten servieren.

Mahi-Mahi-Spieße
mit Peperonata

Für 4 Personen

8 frische Lorbeerzweige

700 g Filet vom Mahi Mahi, Schwertfisch oder Marlin, gehäutet

1 Limette, halbiert

1 Zitrone, halbiert

4 EL Olivenöl

1 kleine Knoblauchzehe, zerdrückt

Salz und gemahlener schwarzer Pfeffer

8 kurze Holzspieße

Für die Peperonata

2 große rote Paprikaschoten, geviertelt und Samen entfernt

2 große gelbe Paprikaschoten, geviertelt und Samen entfernt

6 EL natives Olivenöl extra

2 milde Zwiebeln, in dünne Ringe geschnitten

1 Knoblauchzehe, in dünne Scheiben geschnitten

4 Tomaten, gehäutet, Samen entfernt und grob zerkleinert

2 Lorbeerblätter

1 großer frischer Thymianzweig

1 EL Rotwein

Bei diesem Gericht werden die Paprikaschoten geröstet und gehäutet, was ihnen einen schön rauchigen Geschmack und eine glatte Struktur verleiht, während der Rotwein für eine subtile Herbheit sorgt. Die Fischspieße mit ihrem kräftigen Geschmack passen perfekt dazu. Mahi Mahi ist eine fette Fischsorte, auch bekannt als Llampuga, Dorado, Goldmakrele oder Dolphin (keine Sorge, sie sind nicht mit dem Delphin verwandt).

Peperonata zubereiten: Paprikastücke auf einem Brett ausbreiten und Haut mit etwas Öl bestreichen. Restliches Öl in einer Pfanne erhitzen, Zwiebeln und Knoblauch zufügen. Auf mittlerer Hitze 6–8 Minuten braten, bis die Mischung hellgolden gefärbt ist.

Grillblech erhitzen, bis darauf geträufelte Wassertropfen sofort verdampfen. Paprika mit der Hautseite nach unten darauf legen. Hitze etwas reduzieren und 5 Minuten grillen, bis die Haut geschwärzt ist. In eine Schüssel geben und luftdicht mit Frischhaltefolie abdecken. Wenn sie genügend abgekühlt sind, Haut abschälen und jedes Stück in sechs bis sieben Streifen schneiden. Zur Zwiebelmischung geben, Zucker einrühren und etwa 2 Minuten auf mittlerer Hitze garen. Tomaten und Kräuter zufügen und zum Kochen bringen. Hitze reduzieren, Wein einrühren und ohne Deckel etwa 30 Minuten köcheln lassen.

Holzspieße mit den Lorbeerzweigen 30 Minuten in einer Schüssel mit kaltem Wasser einweichen. Fisch in zwölf große Würfel schneiden und in eine Schüssel legen. Den Saft einer halben Limette und einer halben Zitrone in eine kleine Schüssel pressen. 3 EL Öl mit dem Schneebesen einrühren. Knoblauch mit viel Salz und Pfeffer zu einer cremigen Paste zerstoßen, zur Ölmischung geben und die Mischung über den Fisch gießen. 30 Minuten marinieren lassen.

Die Spieße können auch auf einem geölten Grillrost über mittlerer bis großer Hitze gegrillt werden. Die Zeitangaben bleiben dieselben wie im Rezept.

Spieße und Lorbeerblätter abtropfen lassen. Übrige Limetten- und Zitronenhälfte in je vier Spalten schneiden. Drei Fischstücke im Wechsel mit einer Limetten- und einer Zitronenspalte auf jeden Spieß stecken.

Grillblech wieder über große Hitze legen und mit ein paar Tropfen Wasser prüfen, ob es heiß ist. Spieße mit dem restlichen Öl bepinseln und von jeder Seite 3–4 Minuten grillen. Abdecken und bis zu 5 Minuten warm halten, dann mit der Peperonata servieren.

Gegrillter Red Snapper

im Bananenblattpäckchen

Der Red Snapper lebt im Indischen Ozean und in der Karibik. Er hat gefährliche Stacheln und einen fast undurchdringlichen Schuppenpanzer. Bitten Sie am besten den Fischhändler, ihn abzuschuppen. Lassen Sie jedoch die Flossen unversehrt, damit er sein charakteristisches Aussehen behält.

Für 4 Personen

2 Red Snapper, je etwa 1 kg, geputzt und geschuppt

1 EL Olivenöl

5 cm langes Stück frischer Ingwer, in Scheiben geschnitten

4 Schalotten, Gesamtgewicht etwa 150 g, in Scheiben geschnitten

3 Knoblauchzehen, in dünne Scheiben geschnitten

2 EL Zucker

3 Zitronengrasstängel, davon 1 in dünne Scheiben geschnitten

Abgeriebene Schale und Saft von 1 unbehandelten Limette

1 TL Salz

4 kleine frische grüne oder rote Chilischoten, in dünne Scheiben geschnitten

2 ganze Bananenblätter

2 EL gehacktes frisches Koriandergrün

6 Holzspieße

Für die Dipsauce

1 große frische rote Chilischote, Samen entfernt und fein gehackt

Saft von 2 Limetten

2 EL Fischsauce

1 TL Zucker

4 EL Wasser

Für die Dipsauce Chilischote, Limettensaft, Fischsauce, Zucker und Wasser in einer Schüssel mischen. Abdecken und bis zum Verzehr kalt stellen.

Holzspieße 30 Minuten in kaltem Wasser einweichen. Fische auf jeder Seite viermal einschneiden und die Haut mit Öl einreiben.

Die Hälfte des Ingwers, der Schalotten und den Knoblauch in einen Mörser geben. Die Hälfte des Zuckers, die Zitronengrasscheiben, etwas Limettensaft, Salz und Chilischoten zufügen und leicht zerstampfen. Übrigen Zucker und Limettensaft mit der Limettenschale mischen. Etwas von der Mischung in die Schnitte reiben, mit dem Rest die Bauchhöhlen der Fische ausreiben.

Den harten Rand von den Bananenblättern abschneiden und wegwerfen. Bananenblätter 10 Minuten in heißem Wasser einweichen, dann abtropfen lassen. Eventuelle weiße Rückstände von den Blättern abwischen. Abspülen und mit kochendem Wasser übergießen, um sie weich zu machen. Erneut abtropfen lassen. Einen Fisch auf jedes Blatt legen und den restlichen Ingwer sowie die verbleibenden Schalotten darüber verteilen. Ganze Zitronengrasstängel längs spalten und die Stücke über die Fische legen. Blattseiten hochziehen und über dem Fisch mit je drei Holzspießen feststecken. In Frischhaltefolie einwickeln, um die Holzspieße feucht zu halten, und mindestens 30 Minuten, aber nicht länger als 6 Stunden kühlen.

Grill anheizen. Dipsauce auf Raumtemperatur bringen. Frischhaltefolie von den Bananenblattpäckchen entfernen und jedes auf ein Stück Alufolie setzen. Folie an den Seiten hochschlagen und über dem Päckchen lose zusammendrücken, damit der Boden der Päckchen geschützt ist.

Zum Fisch Bananenblattpäckchen mit Reis servieren. Diese in Alufolie während der letzten 5 Minuten Grillzeit neben dem Fisch erhitzen. Solche Päckchen gibt es fertig in größeren Asialäden zu kaufen.

Sobald die Flammen erloschen sind, einen leicht geölten Grillrost über den Kohlen erhitzen. Wenn die Kohlen eine mittlere Temperatur erreicht bzw. sich mit einer mitteldicken Ascheschicht überzogen haben, Päckchen auf den Rost legen und 15 Minuten grillen. Dann die Päckchen um 180 Grad drehen und weitere 10 Minuten grillen. Für die letzten 5 Minuten die Folie öffnen. Weitere 5 Minuten ruhen lassen, dann mit einem Spieß die Garprobe machen – der Fisch sollte sich leicht abblättern lassen. In eine große Servierschüssel legen, Päckchen öffnen und Fisch mit Koriandergrün bestreuen. Mit der Dipsauce in Portionsschälchen servieren.

Seebarsch in Weinblättern
mit schwarzer Reisfüllung

Dieses Gericht erfordert keinen großen Aufwand, muss aber eine Weile im Voraus zubereitet werden, da der Reis abgekühlt sein muss, bevor er in die Päckchen geschlagen wird. Sind die Fische erst einmal eingewickelt, müssen Sie sie nur noch kühl halten, bis sie auf den Grill gelegt werden.

Für 8 Personen als Vorspeise oder für 4 Personen als Hauptgericht

100 g chinesischer schwarzer Reis

400 ml kochendes Wasser

3 EL natives Olivenöl extra

1 kleine Zwiebel, gehackt

1 frische milde Chilischote, Samen entfernt und fein gehackt

8 Seebarschfilets, je etwa 75 g, mit Haut

16 große frische Weinblätter

Salz und gemahlener schwarzer Pfeffer

Reis in einen großen Topf geben. Kochendes Wasser zufügen und 15 Minuten köcheln lassen. Nach Belieben etwas Salz zufügen und weitere 10 Minuten köcheln lassen oder bis der Reis weich ist. Gut abtropfen lassen und in eine Schüssel füllen.

Inzwischen die Hälfte des Öls in einer Pfanne erhitzen. Zwiebel auf geringer Hitze 5 Minuten glasig dünsten. Chilischote zufügen. Reis einrühren, abschmecken und abkühlen lassen. Abdecken und bis zum Verzehr kalt stellen.

Seebarschfilets würzen. Weinblätter waschen, dann mit Küchenpapier trockentupfen. Jedes Blatt in die Mitte eines doppelt gelegten Stücks Alufolie legen. Je ein Seebarschfilet darauf legen. Reismischung auf die Filets verteilen und auf ein Ende löffeln. Filet über den Reis schlagen, mit dem restlichen Öl beträufeln, das zweite Weinblatt darüber legen und die Folie über dem Fisch durch Zusammenknüllen verschließen. Pakete bis zu 3 Stunden oder bis zum Verzehr kühlen.

Für eine schnelle Salsa eine halbe Gurke ohne Samen und eine halbe rosa Zwiebel hacken. In eine Schüssel geben, 2 EL Sushi-Essig zufügen und gut mischen. Etwas gehackte Chilischote gibt dem Ganzen Pep.

Fisch aus dem Kühlschrank nehmen und Grill anheizen. Sobald die Flammen erloschen sind, einen leicht geölten Grillrost über den Kohlen erhitzen. Wenn die Kohlen etwas abgekühlt sind bzw. sich mit einer feinen Ascheschicht überzogen haben, Päckchen an den Rand des Grillrostes legen. 5 Minuten grillen, nach der Hälfte der Zeit um 90 Grad drehen. Folie etwas öffnen und 2 Minuten weitergrillen. Weinblattpäckchen vorsichtig aus der Folie nehmen, auf einzelne Teller verteilen und servieren.

Gegrillte Mangohälften
mit Limettensirup und -sorbet

Wenn Sie sie finden, nehmen Sie für dieses Rezept Alphonso-Mangos. Sie werden hauptsächlich in Indien angebaut und haben einen berauschenden Duft und eine herrlich seidige Konsistenz, für die das herbe Limettensorbet und der Sirup das perfekte Gegengewicht bilden.

Für 6 Personen

250 g Zucker

Saft von 6 Limetten

6 Sternanisfrüchte

6 kleine oder 3 mittelgroße Mangos

Erdnussöl zum Bepinseln

Zucker in einen schweren Topf geben und 250 ml Wasser zufügen. Auf schwacher Hitze erwärmen, bis der Zucker sich gelöst hat. Hitze erhöhen und 5 Minuten kochen lassen. Vollständig abkühlen lassen. Limettensaft und Fruchtfleisch aus der Zitronenpresse zufügen. Mischung abseihen und 200 ml mit dem Sternanis in einer Schüssel beiseite stellen.

Restliche Flüssigkeit in einen Messbecher gießen und mit kaltem Wasser auf 600 ml auffüllen. Gut mischen und in ein tiefkühlgeeignetes Gefäß füllen. 1½ Stunden tiefkühlen, gut umrühren und eine weitere Stunde in die Tiefkühltruhe stellen, bis das Sorbet fest ist.

Sorbet in eine Küchenmaschine geben und zu einem glatten Eisbrei verarbeiten. Erneut 1 Stunde oder auch länger tiefkühlen. Das Sorbet kann auch in einer Eismaschine hergestellt werden; es ist dann nach etwa 20 Minuten fertig und sollte vor dem Servieren noch mindestens 30 Minuten tiefgekühlt werden.

Sternanisfrüchte aus dem Sirup entfernen und beiseite stellen. Sirup in einen Topf gießen und 2–3 Minuten kochen lassen oder bis er ein wenig eingedickt ist. Abkühlen lassen. Mangos mit der Schale in Hälften vom Kern lösen und Fleisch rautenförmig einschneiden. Mit etwas Öl bepinseln. Ein Grillblech stark erhitzen, bis darauf geträufelte Wassertropfen sofort verdampfen. Hitze etwas reduzieren und Mangohälften mit der Schnittseite nach unten 30–60 Sekunden grillen, bis sich goldene Grillstreifen zeigen.

Mangohälften mit dem Fruchtfleisch nach oben auf einzelnen Tellern anrichten und mit Sirup beträufeln. Heiß oder kalt mit 1–2 EL Sorbet servieren. Mit den beiseite gelegten Sternanisfrüchten dekorieren.

Ist dieses Dessert Teil eines größeren Grillmenüs, Mangos auf einem Grillblech über den ersten rot glühenden Kohlen im Voraus grillen. Bis zum Verzehr beiseite stellen und kalt servieren.

Besondere Anlässe

Besondere Anlässe

Diese Rezepte eignen sich für ganz besondere Gelegenheiten, die man am besten im größeren Kreis der Familie oder mit Freunden feiert.

Hier finden Sie Rezepte für Gerichte, die reinsten Genuss versprechen, viel Spaß machen und einfach klasse aussehen. Die Zutaten sind bisweilen etwas ausgefallen, manchmal handelt es sich aber auch um simple Grillwürstchen. Gelegentlich ist es die Örtlichkeit, an der gegessen wird, die ein Gericht zum Erlebnis macht – wie Hummer, am Swimmingpool serviert, oder die über einem Strandfeuer gegrillten Buschbrot-Spieße. Die in der Grube gebackenen Herzmuscheln und Meeresfrüchte lassen sich nicht unter einem beliebigen Pier mitten am belebten Urlaubsstrand zubereiten, sondern verlangen nach einer geschützten Bucht mit Kiesstrand, Seetang und Treibholz, so trocken wie Zunder. So weit wollen Sie nicht fahren? Improvisieren Sie doch einfach mit Sand und Steinen aus dem Gartencenter in einer alten Schubkarre und bestellen Sie Seetang und Meeresfrüchte beim Fischhändler!

Für 8 Personen

500 g Mehl

1½ EL Backpulver

250 g plus 2 EL kalte Butter

2 EL gehackter frischer Rosmarin, plus 1 Zweig zum Aromatisieren und als Pinsel für die Butter

1 große Prise Safranfäden, gemischt mit 1 EL kochendem Wasser

175 ml Milch

Salz

24 Rosmarinspieße oder Holzspieße (oder je 12 von jeder Sorte)

Buschbrot-Spieße

Dieser Lagerfeuerklassiker aus „Down Under" macht besonders bei einem Grillfest am Strand Spaß. Normalerweise wird Buschbrot in der Glut gegart, aber Rosmarinspieße sind eine stilvolle Alternative. In Tomatensuppe getunkt, wird aus dem Buschbrot eine köstliche Mahlzeit.

Rosmarinspieße oder Holzspieße 30 Minuten in kaltem Wasser einweichen. Mehl, Backpulver und Salz in eine große Schüssel sieben. 200 g der Butter hineinreiben und unterheben, bis die Mischung wie feines Paniermehl aussieht, dann den gehackten Rosmarin zufügen. Safranwasser durch ein feinmaschiges Sieb in die Milch abgießen und alles zur Mehlmischung zufügen. Mit den Händen kneten, bis ein weicher, elastischer Teig entsteht. Restliche Butter schmelzen und mit dem Rosmarinpinsel umrühren, um sie zu aromatisieren.

Grill anheizen. Holz- oder Rosmarinspieße abtropfen lassen. Den Teig in 24 gleich große Stücke teilen und ein Stück um jeden Spieß wickeln. Sobald die Flammen erloschen sind, einen leicht geölten Grillrost über den Kohlen erhitzen. Wenn die Kohlen sich mit einer mitteldicken Ascheschicht überzogen haben, Buschbrot 5 Minuten grillen, dabei häufig wenden, bis es goldbraun ist. Gelegentlich mit dem in Butter getauchten Rosmarinpinsel bestreichen und heiß servieren.

Gegrillte Babyartischocken

Eine angenehme Art, Artischocken zu genießen. Einfach den Spieß in einer Hand halten und mit der anderen ein Artischockenblatt abpflücken und in die geschmolzene Butter tauchen. Nehmen Sie Babyartischocken, damit sich niemand mit dem faserigen Artischockenheu herumplagen muss.

Für 6 Personen

12 Babyartischocken mit Stängel, Gesamtgewicht etwa 1,3 kg

1 unbehandelte Zitrone, halbiert

200 g Butter

2 Knoblauchzehen, mit einer Prise Salz zerstoßen

1 EL glatte Petersilie

Salz und gemahlener schwarzer Pfeffer

12 lange Holzspieße

Spieße 30 Minuten in kaltem Wasser einweichen. Abtropfen lassen und auf jeden Spieß eine Artischocke stecken. Einen großen Topf mit Salzwasser zum Kochen bringen. Eine Zitronenhälfte auspressen und den Saft mit der ausgedrückten Schale ins Wasser geben. Artischocken kopfüber in den Topf legen und 5–8 Minuten kochen oder bis sie gerade weich sind. Gut abtropfen lassen. Bis zu 1 Stunde beiseite stellen oder sofort verwenden.

Grill anheizen. Butter, Knoblauch und Petersilie in einen kleinen Topf geben und den Saft der anderen Zitronenhälfte hineinpressen. Sobald die Flammen erloschen sind, einen leicht geölten Grillrost über den Kohlen erhitzen. Wenn sich die Kohlen mit einer dicken Ascheschicht überzogen haben, können die Artischocken gegart werden. Wenn sie inzwischen kalt sind, Köpfe in Alufolie wickeln und 3 Minuten grillen, dann auswickeln und 1 Minute auf den Grill legen. Wenn sie noch heiß sind, ohne Folie unter häufigem Wenden 4 Minuten grillen.

Wenn die Artischocken fast gar sind, Buttersauce im Topf auf dem Grill schmelzen. Mit den Artischockenspießen servieren.

Marinierter Tintenfisch am Spieß

mit roter Pipian-Sauce

Durch das Einfrieren und Wiederauftauen wird der Tintenfisch zart und ist schneller gar. Fragen Sie beim Kauf nach, da frischer Tintenfisch deutlich länger vorgekocht werden muss. Die rote Pipian-Sauce ist eine vereinfachte Version einer Pesto-ähnlichen Sauce aus Kolumbien. Sie wird mit mildem Ancho-Chili kombiniert, der beim Garen ein süßscharfes Aroma mit einer Fruchtnote entwickelt.

Für 8 Personen

1 kg ganzer Tintenfisch (Krake)

1 Zwiebel, geviertelt

2 Lorbeerblätter

2 EL Olivenöl

Abgeriebene Schale und Saft von 1 unbehandelten Zitrone

1 EL gehacktes frisches Koriandergrün

8 Metallspieße

Für die rote Pipian-Sauce

1 Ancho-Chilischote (getrockneter Poblano-Chili)

4 ganze Knoblauchzehen, geschält

1 kleine rosa Zwiebel, gehackt

500 g Flaschentomaten, Kerngehäuse und Samen entfernt

2 EL Olivenöl

1 TL Zucker

2 EL Pinienkerne

2 EL Kürbiskerne

1 Prise gemahlener Zimt

1 EL Chipotles in Adobo oder eine andere süß-rauchige Chilisauce

3 EL Gemüsebrühe

Blätter von 4 großen frischen Thymianzweigen, fein gehackt

Salz

Frische Korianderzweige zum Garnieren

Rote Pipian-Sauce zubereiten: Ofen auf 200 °C (Gas Stufe 3–4) vorheizen. Ancho-Chilischote in eine Schüssel geben und mit Wasser bedecken, das eben aufgehört hat zu kochen. Etwa 20 Minuten einweichen. Inzwischen Knoblauchzehen, Zwiebel und Tomaten in eine Vierkantpfanne geben und mit dem Öl beträufeln. Zucker und etwas Salz darüber streuen. 15 Minuten bei schwacher Hitze dünsten. Pinienkerne, Kürbiskerne und Zimt über die Mischung streuen und weitere 5 Minuten dünsten. Inzwischen die Ancho-Chilischote abtropfen lassen, Samen entfernen und Fleisch hacken.

Tomaten-Mischung und Chilischote zusammen mit Chipotles in Adobo, Gemüsebrühe und Thymian in eine Küchenmaschine geben. Zu einem Püree verarbeiten, in eine Schüssel füllen und abkühlen lassen.

Tentakel vom Tintenfischkopf trennen. Die Haut nicht entfernen, nur größere Hautlappen mit der Küchenschere abschneiden. Kopf wegwerfen. Tentakel in einen großen Topf legen, mit kaltem Wasser bedecken und Zwiebel und Lorbeerblätter zufügen. Langsam zum Kochen bringen, Hitze reduzieren und etwa 20 Minuten (aufgetauter Tintenfisch) bzw. bis zu 2 Stunden (frischer Tintenfisch) köcheln lassen.

Tentakel abgießen und unter fließendem kaltem Wasser abspülen, dabei eventuelle lose Stückchen der dunklen Membran abreiben. Tentakel auf die Spieße stecken und mit Olivenöl, Zitronenschale, Zitronensaft und Koriandergrün in eine Plastiktüte geben. Zubinden und kräftig schütteln. An einem kühlen Ort mindestens 1 Stunde und bis zu 12 Stunden marinieren.

Grill anheizen. Sobald die Flammen erloschen sind, einen leicht geölten Grillrost über den Kohlen erhitzen. Wenn die Kohlen eine mittlere Temperatur erreicht bzw. sich mit einer mitteldicken Ascheschicht überzogen haben, Tintenfischspieße von jeder Seite 2–4 Minuten grillen oder bis sie hübsch goldbraun sind. Mit der roten Pipian-Sauce und mit den Korianderzweigen garniert servieren.

Sie können die Tintenfischspieße auch auf einem Grillblech garen, entweder über den Kohlen oder auf dem Herd. Die Zeitangaben bleiben dieselben.

Für 4 Personen

- 15 g getrocknete Arame-Algen, abgespült
- 4 EL Tamari-Sojasauce
- 2 EL Mirin (Reiswein)
- 125 ml Wasser
- 1 TL weiße Sesamsamen
- 250 g Thunfisch, Sashimi-Qualität
- 1 EL schwarze Sesamsamen
- 2 TL getrocknete rosa Pfefferkörner
- ½ TL Sonnenblumenöl
- 16 frische Shiso-Blätter
- 1½ TL Wasabi-Paste (grüner Meerrettich)
- 50 g fein geriebener Daikon (Chinarettich)

Thunfisch auf Shiso-Blättern
mit Wasabi und Arame

Kaufen Sie allerfrischesten Thunfisch, also Fisch in Sashimi-Qualität, und lassen Sie ihn in eine gleichmäßig rechteckige Form schneiden. Shiso, auch bekannt als Perilla, hat ein scharfes Aroma, das ein wenig an Anis erinnert. Genau wie die anderen Zutaten ist es im Asialaden erhältlich.

Arame-Algen abtropfen lassen und 1 Stunde in Tamari-Sojasauce, Mirin und Wasser einweichen. Einweichflüssigkeit in eine kleine Schüssel abgießen und Arame in eine Servierschüssel geben. Flüssigkeit 3–5 Minuten sirupartig einkochen, 2 Minuten abkühlen lassen und über die Algen gießen. Mit dem Sesam bestreuen und bis zum Verzehr abdecken.

Thunfisch in einen flachen, tiefkühlgeeigneten Behälter geben. Schwarzen Sesam und Pfefferkörner grob mahlen. Thunfisch mit Öl bestreichen, dann in der Gewürzmischung wenden, bis er gleichmäßig bedeckt ist. Grillblech erhitzen, bis es leicht zu rauchen beginnt. Thunfisch von allen vier Seiten 30 Sekunden anbraten. In den Behälter zurücklegen und 5 Minuten tiefkühlen, um den Garprozess zu stoppen. In 5 mm dicke Scheiben schneiden und mit den Shiso-Blättern und je einem Häufchen Wasabi, Arame und Daikon anrichten.

Gegrillte Foie gras
mit asiatischer Birne und Ponzu joyu

Foie gras wird hier mit einer scharfen japanischen Sauce, der Ponzu joyu, kombiniert. Sie ist in Sekunden angerührt, muss aber einen Tag im Voraus zubereitet werden, damit sich der Geschmack voll entfalten kann. Das Karamellaroma der asiatischen Birne bildet das ideale Gegengewicht zur Gänseleber.

Für die Ponzu joyu Mirin in einen kleinen Topf geben, zum Kochen bringen und etwa 30 Sekunden kochen lassen. In eine kleine Schüssel gießen und die restlichen Zutaten zufügen. Abkühlen lassen, dann abgedeckt einen Tag kalt stellen. Mischung in ein Glas mit Schraubverschluss abseihen und kühl stellen.

Jede Birne in acht Spalten schneiden und in der Honig-Wasser-Mischung wenden. Ein Grillblech auf dem Herd erhitzen, bis ein darauf geträufelter Wassertropfen sofort verdampft. Birnenspalten von jeder Schnittseite etwa 30 Sekunden grillen. Blech mit Küchenpapier ausreiben und erneut erhitzen. Wenn es sengend heiß ist, Foie gras von jeder Seite 30 Sekunden grillen. Sofort mit der ponzu joyu und den Birnenspalten servieren.

Dieses Gericht lässt sich auch auf einem Grillblech über heißen Kohlen mit einer feinen Ascheschicht zubereiten.

Für 4 Personen

2 asiatische Birnen (Nashi)

1 EL klarer Honig, gemischt mit 3 EL Wasser

225 g Enten- oder Gänsestopfleber, gekühlt und in 8 Scheiben geschnitten (je 1 cm dick)

Für die Ponzu joyu

3 EL Mirin (Reiswein)

125 ml Tamari-Sojasauce

5 EL getrocknete Bonitospäne

3 EL Reisessig

Saft von 1 großen Zitrone

4 Streifen getrockneter Kombu-Seetang

Gemüse in der Asche
mit Salsa aus geräucherten Tomaten

Heizen Sie den Grill mit einer doppelten Lage Kohlen an, damit Sie daraus ein weiches Bett für das Gemüse in der Aluminiumfolie machen können. Während das Gemüse gart, können Sie die Salsa aus geräucherten Tomaten auf dem Grillrost darüber zubereiten.

Für 4–6 Personen

2 kleine ganze Knoblauchknollen

2 Moschuskürbisse, je etwa 450 g, längs halbiert und Samen entfernt

4–6 Zwiebeln, je etwa 100 g, oben kreuzweise eingeschnitten

4–6 Backkartoffeln, je etwa 175 g

4–6 Süßkartoffeln, je etwa 175 g

3 EL Olivenöl

Frische Thymian-, Lorbeer- und Rosmarinzweige

Salz und gemahlener schwarzer Pfeffer

2 Hände voll Hickoryholzspäne, mindestens 30 Minuten in kaltem Wasser eingeweicht

Für die Tomaten-Salsa

500 g Tomaten, geviertelt und Samen entfernt

½ TL Zucker

1 Prise Chiliflocken

¼ TL edelsüßes Paprikapulver

2 EL Tomatenchutney (gute Qualität)

Grill mit genügend Kohlen anheizen. Knoblauch, Moschuskürbis und Zwiebeln getrennt in eine doppelte Lage reißfeste Alufolie wickeln, Pakete dabei oben offen lassen. Kartoffeln paarweise einwickeln, je eine Süßkartoffel und eine normale Kartoffel. Etwas Öl über den Inhalt jedes Päckchens träufeln, kräftig würzen und einen Kräuterzweig hineinstecken. Mit ewas Wasser besprühen und die Pakete durch Zusammenknüllen der Folie verschließen.

Sobald die Flammen erloschen und die Kohlen etwas abgekühlt sind bzw. sich mit einer feinen Ascheschicht überzogen haben, Gemüsepäckchen direkt auf die Glut legen. Merken Sie sich, welches Gemüse wo liegt: Der Knoblauch braucht 20 Minuten, der Kürbis 30, die Zwiebeln 45 und die Kartoffeln 1 Stunde. Nach dem Ende der jeweiligen Garzeit die entsprechenden Päckchen von den Kohlen nehmen und zum Warmhalten in eine Extraschicht Alufolie wickeln. Beiseite stellen. Kurz vor dem Servieren die Folie an allen Päckchen, außer beim Knoblauch, öffnen und wieder auf die Kohlen legen, damit das Gemüse vor dem Servieren noch etwas trocken wird.

Inzwischen die Tomaten-Salsa zubereiten. Einen leicht geölten Grillrost über den Kohlen erhitzen. Tomaten mit Zucker, Chiliflocken und Paprikapulver bestreuen, über dem Gemüse auf den Rost legen und abgedeckt 5 Minuten grillen. Hickoryholzspäne abgießen und eine kleine Hand voll auf die Kohlen legen, Deckel wieder aufsetzen und weitere 5 Minuten räuchern. Holzspäne nachlegen und weitere 10 Minuten grillen oder bis die Tomaten außen leicht geschwärzt sind. Tomaten vom Rost nehmen und das Fleisch mit einem Löffel aus den Häuten in eine Schüssel schaben, mit einer Gabel zerdrücken und die übrigen Zutaten unterrühren. Mit dem Gemüse servieren.

Das Gemüse schmeckt hervorragend zu gegrillten marinierten Lendensteaks oder mit darüber gehobeltem Parmesan.

Belmont-Wurst
mit Pilz-Relish

Für 6–8 Personen

450 g Schweinebauch ohne Haut und Knochen, in große Stücke geschnitten

450 g Schweineschulter, in große Stücke geschnitten

300–400 g Schweinespeck, in große Stücke geschnitten

50 g frisch hergestelltes Paniermehl

2 Knoblauchzehen, gehackt

2 TL Salz

2 TL gemahlene Koriandersamen

1 TL gemahlener schwarzer Pfeffer

1 TL gemahlener Kreuzkümmel

¼ TL Cayennepfeffer

¼ TL gemahlener Zimt

3 EL gehacktes frisches Basilikum

4 EL gehackter frischer Majoran

4 EL gehackte frische glatte Petersilie

Wurstdarm für knapp 1,5 kg Wurst, etwa 50 g bzw. 3 m (im Fleischer-Fachhandel erhältlich)

2 EL Olivenöl zum Bestreichen

6 Metallspieße

Für das Relish

3 EL natives Olivenöl extra

2 Zwiebeln, fein gehackt

2 Knoblauchzehen, fein gehackt

150 g braune Champignons, fein gehackt

3 EL sonnengetrocknete Tomaten in Öl, abgetropft und fein gehackt

6 EL Wasser

4 TL Zucker

2 EL gehackte frische glatte Petersilie

2 EL Sherryessig

Salz und gemahlener schwarzer Pfeffer

Diese Wurst habe ich häufig mit den Kindern der Grundschule hergestellt, in die meine Söhne gingen. Alle waren fasziniert davon, Würstchen ganz allein herzustellen. Das Rezept ändert sich jedes Mal, wenn ich den Fleischwolf zur Hand nehme, also bleibt die Belmont-Wurst, benannt nach besagter Schule, ihrer Namensgeberin als ständig neue Lernerfahrung treu. Hier wird sie wie eine traditionelle Bratwurst zu einer Schnecke aufgerollt.

Beide Fleischsorten einmal und das Rückenfett zweimal durch den Fleischwolf drehen, dabei die Scheibe mit den größten Löchern verwenden. Masse in eine große Schüssel geben und Paniermehl zufügen. Gehackten Knoblauch mit einer Prise Salz zu einer Paste zerstoßen und mit den restlichen Wurstzutaten außer dem übrigen Salz, den Wurstdärmen und dem Öl zum Fleisch geben. Mit sauberen Händen gründlich mischen, abdecken und über Nacht kalt stellen.

Wurstdärme mit kaltem Wasser ausspülen. Am einfachsten dazu ein Ende über den Wasserhahn stülpen; darauf achten, dass das andere Ende sich in der Spüle befindet. Lochscheibe vom Fleischwolf nehmen und den Wurstdarm über das Wurstfüllrohr stülpen. Ist kein Wurstfüllrohr zur Hand, kann mit einem passenden Plastiktrichter improvisiert oder auch ein Spritzbeutel mit einer großen Tülle verwendet werden. Restliches Salz zur Wurstmasse geben und gut mischen. Wurstdarm durchgehend befüllen, dabei in der Mitte ein 13 cm langes Stück leer lassen, anschließend in zwei Würste teilen und die Enden jeweils verknoten. Jede Wurst zu einer Schnecke eindrehen, abdecken und bis zum Grillen kühlen.

Relish herstellen: Öl in einer Pfanne erhitzen, Zwiebeln und Knoblauch in etwa 8 Minuten weich und goldbraun dünsten. Pilze und sonnengetrocknete Tomaten zufügen und 1 Minute weiterdünsten. Wasser zugeben und kochen lassen, bis es verdampft ist. Zucker, Petersilie und Sherryessig einrühren. Kräftig salzen und pfeffern, abdecken und vor dem Verzehr kühlen.

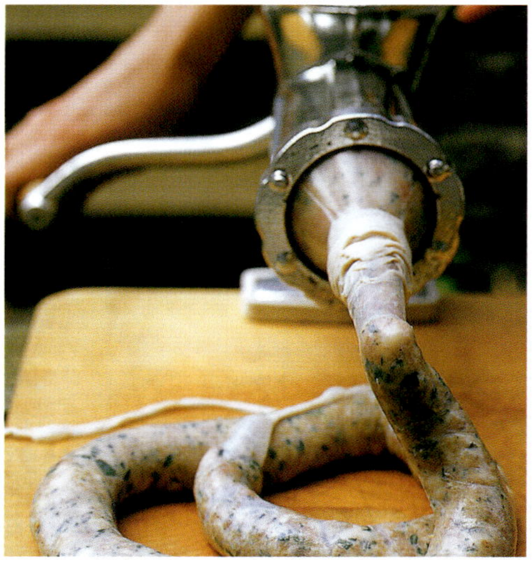

Grill anheizen. Würste mit Spießen durchstechen, damit sie ihre Form behalten. Sobald die Flammen erloschen sind, die heißen Kohlen auf eine Seite schieben und eine Fettschale daneben aufstellen. Einen leicht geölten Grillrost über den Kohlen erhitzen. Wenn die Kohlen eine mittlere Temperatur erreicht bzw. sich mit einer mitteldicken Ascheschicht überzogen haben, Würste über der Fettschale auf den Rost legen. Mit einem Deckel oder einer Kuppel aus reißfester Alufolie abdecken und von jeder Seite 5–7 Minuten grillen oder. Mit dem Relish und nach Belieben mit dem Saft aus der Fettschale servieren.

Lamm-Mechoui
mit Kreuzkümmel und Meersalz

Für diese marokkanische Spezialität wird ein großes Schulterstück mit Gewürzen eingerieben und auf dem Grill gegart. Das Fleisch wird dann in großen Stücken abgetrennt und in eine Mischung aus Salz und Kreuzkümmel gedippt. Am besten eignet sich für dieses Gericht ein vertikaler Grill, bei dem sich der Bratspieß vor der Kohlenglut dreht. Mit anderen Grilltypen geht es zwar auch, dann sollte aber ein Deckel benutzt werden, damit das Fleisch langsam und gleichmäßig durchgart.

Für 4–6 Personen

1 Lammschulter, etwa 1,8 kg

4 Knoblauchzehen, zerdrückt

1 EL Paprikapulver

1 EL frisch gemahlener Kreuzkümmel

7 EL natives Olivenöl extra

3–4 EL fein gehackte Minzeblätter

Einige kräftige Thymianzweige zum Bepinseln

Salz und gemahlener schwarzer Pfeffer

Zum Servieren

3 EL Kreuzkümmel

1½ EL grobes Meersalz

Die natürlichen Taschen im Lammfleisch öffnen und mit den Knoblauchzehen füllen. Paprikapulver, Kreuzkümmel, Pfeffer und Salz mischen und Fleisch damit einreiben. Abdecken und etwa 1 Stunde ruhen lassen. Zum Bestreichen des Fleisches während des Röstens Öl und Minze in einer Schüssel mischen.

Grill anheizen. Sobald die Flammen erloschen sind, die heißen Kohlen auf eine Seite schieben und eine Fettschale daneben aufstellen. Einen leicht geölten Grillrost über den Kohlen erhitzen. Wenn die Kohlen sich mit einer mitteldicken Ascheschicht überzogen haben, Lammschulter über der Fettschale auf den Grillrost legen und mit einem Deckel oder einer Kuppel aus reißfester Alufolie abdecken. In den ersten 30 Minuten das Fleisch häufig wenden und mit den Thymianzweigen mit dem Minzeöl bestreichen. Weitere 2 Stunden rösten, dabei alle 15 Minuten wenden und bepinseln. Müssen Kohlen aufgefüllt werden, dauert es etwa 10 Minuten, bis die zum Weitergaren benötigte Hitze erreicht ist.

Dazu passt ein Meshwiya-Salat: 1 rote und 1 gelbe Paprikaschote grillen, häuten und grob zerkleinern. Mit einigen Kapern, gehackter Chilischote, Zwiebel, Tomaten, Petersilie und zerdrücktem Knoblauch mischen. Mit libanesischem Fladenbrot servieren.

Kreuzkümmel und Meersalz 2 Minuten in einer Pfanne ohne Fett rösten. In einen Mörser geben und grob zerstoßen.

Gares Fleisch vom Grill nehmen und in einer doppelten Lage Alufolie 15 Minuten ruhen lassen. Anschließend in Scheiben schneiden und mit der gerösteten Kreuzkümmel-Salz-Mischung zum Dippen servieren.

Roastbeef vom Grill
mit Bier-Meerrettich-Mop

Im Südwesten der USA wird das Fleisch beim Grillen gerne mit einer speziellen Sauce, dem „Mop", bestrichen, um große Stücke, wie ein ganzes Schwein am Spieß, während des langen Garprozesses saftig zu halten. In diesem Rezept wird das Fleisch zunächst nicht bestrichen, bis es eine kräftige Farbe annimmt. Dann wird es stetig bepinselt; diese Aufgabe übernimmt am besten jemand mit Hang zu beschaulichen Tätigkeiten – eine kleine Erfrischung in Reichweite nicht vergessen.

Für 4 Personen

800 g Rinderfilet (Lende)

2 EL geriebener Meerrettich aus dem Glas

2 EL Olivenöl

125 ml Chimay (Bier)

Salz und gemahlener schwarzer Pfeffer

Fleisch mit Küchenpapier trockentupfen und in eine Schüssel legen. Von allen Seiten mit 1 TL Meerrettich und Olivenöl einreiben. Abdecken und 2 Stunden an einem kühlen Ort marinieren.

Für das Grillen am Spieß das Fleisch mit einem langen Bratspieß durchstechen. Grill anheizen. Restlichen Meerrettich mit dem Bier in einer tiefen Schüssel mischen. Fleisch kräftig würzen. Sobald die Flammen erloschen sind, einen leicht geölten Grillrost über den Kohlen erhitzen. Wenn die Kohlen noch sehr heiß sind bzw. sich mit einer feinen Ascheschicht überzogen haben, Fleisch von jeder Seite etwa 2 Minuten grillen, sodass die Außenseite angebraten wird und eine schöne Farbe bekommt.

Spieß über den Kohlen drehen. Einen großen Grillpinsel in die Meerrettich-Bier-Mischung tauchen und das Fleisch großzügig von allen Seiten damit bestreichen. Während sich das Fleisch dreht, über die gesamte Grillzeit von 10 Minuten stetig weiterpinseln. Dabei die ganze Flüssigkeit aufbrauchen. Wird das Fleisch auf einem normalen Grillrost gegart, einfach häufig wenden und dabei bepinseln.

Fleisch etwa 10 Minuten unter einer Kuppel aus reißfester Alufolie ruhen lassen, dann in dicke Scheiben schneiden. Dieses Gericht schmeckt am besten heiß, serviert mit geröstetem Gemüse, oder abgekühlt mit dicken Scheiben Landbrot und Meerrettich-Mayonnaise.

Chimay ist ein bekanntes Bier aus Belgien, das auch durch jedes andere hochwertige Bier ersetzt werden kann. Auch alkoholfreie Biere sind geeignet.

Geräuchertes Hühnchen
mit Kürbis-Pesto

Für 4–6 Personen

1,3 kg Brathähnchen

1 Zitrone, geviertelt

8–10 frische Lorbeerblätter

3 frische Rosmarinzweige

1 EL Olivenöl

Salz und gemahlener schwarzer Pfeffer

Bindfaden

4 Hände voll Hickoryholzspäne, mindestens 30 Minuten in kaltem Wasser eingeweicht

Für den Pesto

1 Muskatkürbis, etwa 675 g, halbiert und Samen entfernt

2 Knoblauchzehen, in Scheiben geschnitten

2 frische Thymianzweige

3 EL Olivenöl

25 g frisch geriebener Parmesankäse

Das Räuchern über Hickoryholzspänen verleiht dem Hähnchen eine wunderbar braune Haut und saftiges rosa Fleisch. Der Muskatkürbis wird in Alufolie gewickelt und direkt daneben geröstet und später zu einem köstlichen Pesto verarbeitet. Das Hähnchen schmeckt auch kalt; Sie können also auch zwei räuchern und eines am nächsten Tag genießen.

Grill anheizen. Überschüssiges Fett von der Öffnung zur Bauchhöhle des Hähnchens wegschneiden. Innen würzen und die Bauchhöhle mit Zitronenvierteln, Lorbeerblättern und den Nadeln eines Rosmarinzweiges füllen. Beine mit Bindfaden zusammenbinden und Hähnchen von allen Seiten mit dem Öl einreiben. Haut leicht pfeffern und salzen.

Moschuskürbis für den Pesto vorbereiten: In acht Stücke schneiden und auf eine doppelte Lage Alufolie legen. Kräftig würzen und mit Knoblauch und Thymianblättern bestreuen. 1 EL Olivenöl und etwas Wasser darüber träufeln. Folie so hochschlagen, dass der Kürbis vollkommen eingewickelt ist, und Päckchen fest verschließen.

Sobald die Flammen erloschen sind, die heißen Kohlen auf eine Seite schieben und eine Fettschale daneben stellen. Fettschale mit Wasser füllen. Einen leicht geölten Grillrost über den Kohlen erhitzen. Wenn die Kohlen etwas abgekühlt sind bzw. sich mit einer feinen Ascheschicht überzogen haben, Hähnchen auf den Grillrost über die Fettschale legen, den Kürbis daneben über die Kohlen. Mit einem Deckel oder einer Kuppel aus reißfester Alufolie abdecken. Kürbis 35 Minuten garen oder bis er weich ist.

Hickoryspäne abgießen und vorsichtig eine Hand voll auf die Kohlen legen, Deckel wieder aufsetzen. Hähnchen weitere 1–1¼ Stunden grillen, dabei alle 15 Minuten eine weitere Hand voll Hickoryspäne nachlegen. Wenn das Hähnchen gar ist, auf einen Teller legen, mit einer Kuppel aus Aluminiumfolie abdecken und 10 Minuten stehen lassen.

Moschuskürbis auswickeln. Fruchtfleisch und Knoblauch ohne den Thymian in eine Küchenmaschine geben. Die Mischung zu einem dicken Brei verarbeiten. Parmesan zufügen, dann das restliche Öl. In eine Schüssel füllen und mit dem heißen Hähnchen servieren. Wenn das Hähnchen kalt gegessen werden soll, nach dem Abkühlen abdecken.

Bei einem kleinen Grill müssen möglicherweise während des Garens Kohlen nachgelegt werden. Dazu den Rost mit dem Hähnchen abnehmen, bevor die Hitze zu niedrig wird, und den Grill wieder anheizen. Die Kohlen brauchen etwa 10 Minuten, bis sie zum Weitergrillen heiß genug sind. Diese Zeit muss bei der Planung einkalkuliert werden.

Junge Wachteln
mit Couscous-Füllung

Diese zarten Jungvögel lassen sich sehr gut in einem Kugelgrill mit Deckel garen. Wenn Ihr Grill keinen Deckel hat, improvisieren Sie einen aus einem großen umgedrehten Wok mit Holzgriff – Sie werden erstaunt sein, wie gut dieses Provisorium funktioniert! Dazu passt ein Salat aus halbierten Kirschtomaten in exzellentem Olivenöl, mit Salz und Pfeffer abgeschmeckt und mit viel frischem Basilikum bestreut.

Für 8 Personen

8 Wachteln
400 ml Wasser
2 unbehandelte Zitronen
4 EL natives Olivenöl extra
3 EL frische Estragonblätter
125 g Couscous
15 g getrocknete Paprikaschoten, fein gehackt
8 schwarze Oliven, Kern entfernt und fein gehackt
Salz und gemahlener schwarzer Pfeffer
16 Holz- oder Metallspieße

Rückgrat aus jeder Wachtel herausschneiden und in einen Topf geben. Wasser zufügen und zum Kochen bringen, dann köcheln lassen, bis die Hälfte der Flüssigkeit verdampft ist. Während die Brühe kocht, Innenseiten jedes Vogels mit Küchenpapier ausreiben. Wenn noch ein Herz in der Höhlung steckt, dieses zur Brühe zugeben. Wachteln einzeln mit der Brust nach oben auf ein Küchenbrett legen und mit starkem Druck auf das Brustbein flach drücken. Haut über der Brust vorsichtig mit dem Finger lösen, sodass für die spätere Füllung eine Tasche entsteht.

Schale der Zitronen abreiben. Die Hälfte der Schale beiseite stellen, den Rest in eine flache Schüssel geben. Beide Zitronen auspressen und den Saft mit 2 EL Öl und 1 EL gehackten Estragonblättern in die Schüssel geben. Wachteln hineinlegen, in der Marinade wenden, bis sie von allen Seiten bedeckt sind, abdecken und marinieren, während die Couscous-Füllung zubereitet wird.

Couscous in eine mittelgroße Schale geben und gehackte getrocknete Paprikaschoten, Salz und Pfeffer zufügen. Die Brühe sollte inzwischen deutlich eingekocht sein. 200 ml durch ein Sieb über den Couscous abseihen, mit einem trockenen Tuch abdecken und 10 Minuten stehen lassen.

Beiseite gestellte Zitronenschale mit den Oliven, den übrigen Estragonblättern und dem Öl unter den Couscous mischen. Masse zum Abkühlen auf einem Teller ausbreiten, abdecken und kalt stellen. Nach dem Abkühlen etwas Füllung in die Brusttaschen der einzelnen Wachteln geben. Falls Holzspieße verwendet werden, diese 30 Minuten in kaltem Wasser einweichen.

Grill anheizen. Beine und Flügel der Wachteln mit je zwei kreuzweise durch den Körper gestochenen Spießen fixieren. Die Beinenden können mit Alufolie umwickelt werden, damit sie nicht zu schwarz werden. Sobald die Flammen erloschen sind, einen leicht geölten Grillrost über den Kohlen erhitzen. Wenn die Kohlen sich mit einer mitteldicken Ascheschicht überzogen haben, Wachteln auf den Rost legen und etwa 5 Minuten grillen, dabei gelegentlich bewegen. Mit einem Deckel oder einer Kuppel aus reißfester Alufolie abdecken und 10 Minuten garen. Wenn sie rundlich und schön gebräunt sind, sind sie gar. Einige Minuten abkühlen lassen, da sie sich am besten mit den Fingern essen lassen.

Ein Deckel ist hier wichtig, weil die Wachteln das Wenden nicht gut vertragen. Unter einem Deckel zirkuliert die eingeschlossene Hitze um das Grillgut und gart es von allen Seiten.

Für 6 Personen

6 Meerforellensteaks, je etwa 125 g, oder Wild- bzw. Zuchtlachs

2 Knoblauchzehen, gehackt

1 frische lange rote Chilischote, Samen entfernt und gehackt

3 EL gehacktes Thaibasilikum

1 EL Palmzucker oder mittelkörniger Kristallzucker

3 unbehandelte Limetten

400 ml Kokosmilch

1 EL thailändische Fischsauce

Meerforelle in Thai-Marinade

Meerforelle hat eine herrliche Struktur und ihr Geschmack ähnelt dem von Wildlachs. Sie wird am besten mit Chilischoten und Limetten serviert, als Gegengewicht zum eher fetten Fleisch.

Meerforellensteaks in eine flache Schüssel legen. Mit einem Stößel Knoblauch und Chilischote in einem großen Mörser grob zerstampfen. 2 EL Thaibasilikum mit dem Zucker zufügen und weiter zu einer groben Paste stampfen. Schale von 1 Limette abreiben, Limette ausdrücken. Schale und Saft mit der Kokosmilch unter die Chilipaste mischen. Mischung über die Fischstücke gießen, abdecken und etwa 1 Stunde kalt stellen. Restliche Limetten in Spalten schneiden.

Fisch aus dem Kühlschrank nehmen, damit er wieder Raumtemperatur erreicht. Grill anheizen. Sobald die Flammen erloschen sind, einen leicht geölten Grillrost über den Kohlen erhitzen. Wenn die Kohlen sich mit einer mitteldicken Ascheschicht überzogen haben, Fischstücke aus der Marinade nehmen. In einen geölten klappbaren Fischgrillkorb aus Drahtgeflecht oder direkt auf den Grillrost legen. Von jeder Seite 4 Minuten grillen, dabei möglichst nicht bewegen, da die Stücke sonst möglicherweise am Rost kleben bleiben.

Restliche Marinade durch ein Sieb in einen Topf abseihen, feste Bestandteile im Sieb beiseite stellen. Marinade zum Kochen bringen, 5 Minuten auf schwacher Hitze köcheln lassen, Siebinhalt einrühren und 1 Minute weiterköcheln lassen. Fischsauce und restliches Thaibasilikum zufügen. Fischsteaks mit der Sauce übergießen und mit den Limettenspalten servieren.

Garnelen im Pandanusblatt

Riesengarnelen können über 30 cm lang werden und eignen sich ideal zum Grillen auf einem Holzkohlengrill. Das Gericht ist schnell und einfach zubereitet, macht aber dennoch Eindruck – genau das Richtige für ein entspanntes Mittagessen.

Für 6 Personen

6 Riesengarnelen (extragroße Jumbo Shrimps), Gesamtgewicht etwa 900 g

Saft von 2 Limetten

4 EL Olivenöl

12 große Kaffirlimettenblätter

12 Pandanusblätter

6 hölzerne Zahnstocher

2 Limetten, in Spalten geschnitten, zum Servieren

Zahnstocher 30 Minuten wässern. Jede Garnele an der Rückenkrümmung entlang flach einschneiden. Garnelen in eine flache Schüssel geben. In einer zweiten Schüssel Limettensaft und Öl mischen und über die Garnelen gießen. 15 Minuten beiseite stellen. Garnelen einzeln herausnehmen, je zwei Kaffirlimettenblätter obenauf legen, in zwei Pandanusblätter wickeln und diese mit einem Zahnstocher verschließen.

Grill anheizen. Sobald die Flammen erloschen sind, einen leicht geölten Grillrost über den Kohlen erhitzen. Wenn die Kohlen eine mittlere Temperatur erreicht haben, eingewickelte Garnelen von jeder Seite 3 Minuten grillen. Mit den Limettenspalten servieren. Zum Verzehr die Garnelen auswickeln, Panzer entfernen und den schwarzen Darmfaden mit den Fingern herausziehen.

Dazu passt ein einfacher Dip aus 150 g Mayonnaise und 20 ml thailändischer süßer Chilisauce.

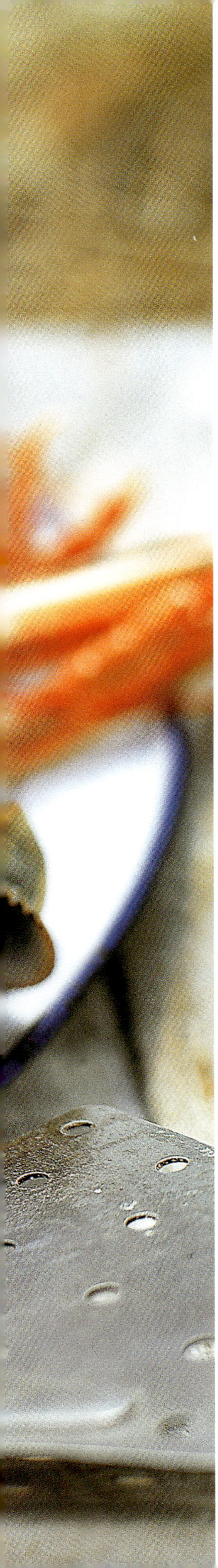

Gebackene Meeresfrüchte

Das Backen in einer Grube am Strand erfordert das Engagement von mindestens zwei hochmotivierten Helfern mit einem Faible für das Löchergraben. Davon abgesehen, ist Grillen am Strand immer ein Riesenspaß und nichts heizt den Appetit besser an, als gemeinsam auf das Ende der Garzeit dieser Meeresfrüchte zu warten. Reichen Sie dazu Zitronen, viel Stangenbrot, gutes Olivenöl zum Dippen und guten Wein.

Ungefähre Mengen pro Person

2 Flusskrebse

4 Kaisergranate

2 große Venusmuscheln, etwa 6 cm Durchmesser

6 kleine Venusmuscheln

3 Wellhornschnecken

12 Herzmuscheln

Zitronen, Brot und gutes Olivenöl

Was Sie sonst noch brauchen

Sand oder Erde

Schaufeln und Eimer

Trockener Kies

Ausreichend trockenes Feuerholz, Zeitungspapier und Zweige

Harke mit langem Stiel

Seetang, gut gewaschen und in Wasser eingeweicht

Ein großes Stück Segeltuch, in Wasser eingeweicht

12 schwere Steine

Backofenhandschuhe

Zahnstocher

Eine Grube von mindestens 90 x 90 cm und 30 cm Tiefe ausheben. Boden mit Kies bedecken, an den Wänden etwas Kies aufschütten. In der Mitte der Grube eine Pyramide aus Anzündholz errichten, etwas geknülltes Zeitungspapier darunter stecken. Feuer entzünden. Wenn das Holz gut brennt, größere Stücke hinzufügen, bis es schließlich die gesamte Oberfläche der Grube einnimmt. Feuer etwa 45–60 Minuten kräftig schüren, dann herunterbrennen lassen, bis nur noch die Glut übrig ist. Mit einer langstieligen Harke so viel Glut wie möglich aus der Grube ziehen, ohne den Kies aufzuwühlen. Glut mit Wasser übergießen, damit niemand versehentlich hineintritt.

Je heißer der Kies wird, desto schneller gart das Grillgut. Bei den kleinen Stücken sollte nach einer Stunde geprüft werden, ob sie gar sind.

Nun ist es wichtig, die ofenähnliche Temperatur der Kieselsteine zu erhalten, es muss also schnell gearbeitet werden. Die Hälfte des Tangs gleichmäßig auf dem Kies ausbreiten. Meeresfrüchte auf dem Tang verteilen, dabei die kleineren Stücke, die zuerst gar sind, näher an den Rand legen, damit sie leichter zu greifen sind. Mit dem restlichen Tang abdecken, dann das nasse Segeltuch über die Grube breiten. Es muss größer sein als die Grube und mit zwölf schweren Steinen beschwert werden, die in einem Abstand zur Grube platziert werden.

Meeresfrüchte 1–2 Stunden garen lassen. Nach 1 Stunde vorsichtig nachsehen, ob die Herzmuscheln und Venusmuscheln schon gar sind. Diese können dann herausgenommen und gegessen werden. Die restlichen Meeresfrüchte werden im Abstand von etwa 20 Minuten geprüft, ob sie ebenfalls gar sind, und herausgenommen.

Gegrillter Hummer
mit Basilikum-Mayonnaise

Für 2–4 Personen

15 frische Basilikumblätter, grob zerkleinert

4 EL Olivenöl

1 Knoblauchzehe, zerdrückt

2 frisch getötete Hummer, längs halbiert und geputzt

Salz und gemahlener schwarzer Pfeffer

2 Limetten, halbiert, zum Servieren

Für die Basilikum-Mayonnaise:

40 g Basilikumblätter, von den Stängeln gestreift

175 ml Sonnenblumenöl, plus etwas mehr nach Bedarf

3 EL Olivenöl

1 kleine Knoblauchzehe, zerdrückt

½ TL englisches (scharfes) Senfpulver

2 TL Zitronensaft

2 Eigelbe

Gemahlener weißer Pfeffer

Ein raffiniertes, aber dennoch einfaches Gericht, das den zusätzlichen Aufwand wirklich wert ist. Ich persönlich koche gern mit Hummer, bin aber zu zart besaitet, um ihn ohne Wimpernzucken ins Jenseits zu befördern. Das sollte am besten dem Fischhändler überlassen werden.

Für das Basilikumöl die Basilikumblätter in eine Schüssel legen und mit kochendem Wasser übergießen. Etwa 30 Sekunden stehen lassen, bis sich die Blätter hellgrün färben. Abgießen, unter fließendem kaltem Wasser abschrecken, abtropfen lassen und zwischen Küchenpapier das Wasser herausdrücken. In eine Küchenmaschine geben, beide Ölsorten zufügen und zu einem Brei verarbeiten. In eine Schüssel füllen, abdecken und über Nacht kalt stellen.

Ein Sieb mit Musselin auslegen, über eine tiefe Schüssel legen und den Basilikumbrei hineingießen. 1 Stunde stehen lassen oder bis das Öl in die Schüssel gelaufen ist. Die festen Bestandteile im Sieb können nun weggeworfen werden. Gut abdecken und bis zum Gebrauch kühlen.

Für die Mayonnaise benötigen Sie 200 ml Basilikumöl. Wenn das Öl nicht reicht, kann es mit Sonnenblumenöl aufgefüllt werden. Zerdrückten Knoblauch in eine Schüssel geben. Senfpulver mit ½ TL Zitronensaft und etwas Salz und weißem Pfeffer zufügen und gründlich mischen. Eigelbe mit dem Schneebesen einrühren, dann das Basilikumöl tropfenweise einarbeiten, dabei kontinuierlich mit dem Schneebesen weiterschlagen, bis die Mischung einzudicken beginnt. Wenn noch 3 EL Öl übrig sind, den restlichen Zitronensaft einarbeiten und dann das restliche Öl unterrühren. Zum Schluss 1½ TL kaltes Wasser einrühren. Mayonnaise abdecken und bis zum Verzehr kalt stellen.

Grill anheizen. Basilikum hacken und mit Öl und Knoblauch in einer Schüssel mischen. Leicht pfeffern und salzen. Sobald die Flammen erloschen sind, die heißen Kohlen so verteilen, dass auf einer Seite mehr liegen als auf der anderen. Einen leicht geölten Grillrost über den Kohlen erhitzen. Wenn die Kohlen eine mittlere bis niedrige Temperatur erreicht haben, etwas Ölmischung auf die Schnittseite der Hummerhälften pinseln. Mit der Schnittseite nach unten über dem Teil mit den wenigen Kohlen auf den Grillrost legen und 5 Minuten garen. Hummer wenden, mit Ölmischung bepinseln und weitere 10–15 Minuten grillen, dabei gelegentlich bepinseln und auf dem Rost bewegen. Gleichzeitig Limettenhälften mit der Schnittseite nach unten 3 Minuten grillen. Hummer mit der Mayonnaise und den gegrillten Limettenhälften servieren.

Wenn Sie den Hummer selbst töten müssen, gehen Sie human vor: Hummer mit dem Kopf voraus in einen Topf mit sprudelnd kochendem, kräftig gesalzenem Wasser tauchen. In kaltes Wasser tauchen und halbieren. Den körnigen Magensack hinter den Augen, den schwarzen Darmtrakt und die Kiemen entfernen.

Ananas vom Holzkohlegrill
mit Ananas-Chili-Granita

Für 8 Personen

2 mittelgroße frische Ananas

1 EL extrafeiner Zucker

Für die Granita

1 EL Zucker

1 frische lange milde rote Chilischote, Samen entfernt und fein gehackt

900 ml Ananassaft oder frische pürierte Ananas

Ein kräftiges Dessert und hübsch anzusehen, wenn Sie die Blätter an der Ananas belassen. Mit der eiskalten Granita ist dies der ideale Abschluss eines gelungenen Grillabends.

Für die Granita Zucker und Chilischote mit 2 EL Ananassaft in einen kleinen, schweren Topf geben. Auf schwacher Hitze erwärmen, bis der Zucker sich gelöst hat, dann rasch zum Kochen bringen und 30 Sekunden kochen lassen. Restlichen Ananassaft in einen großen, flachen, tiefkühlgeeigneten Behälter gießen. Ideal ist eine Größe von etwa 24 x 14 cm. Chilimischung einrühren und 2 Stunden tiefkühlen.

Gefrorene Ränder der Sorbetmasse mit einer Gabel in die Mitte schieben und weitere 1½ Stunden tiefkühlen, bis die Masse knirscht. Ein weiteres Mal mit der Gabel durchmischen, dann wieder in die Tiefkühltruhe stellen und bis zu 1 Woche aufbewahren.

Ananas längs in je vier Spalten teilen, dabei die Blätterkrone mit durchschneiden. Mittelstück von den einzelnen Spalten abschneiden, wenn es holzig aussieht. Zucker und 1 EL Wasser in einer kleinen Schüssel mischen. Grillblech auf starker Hitze erhitzen, bis ein darauf geträufelter Wassertropfen sofort verdampft. Hitze etwas reduzieren. Schnittseiten der Ananasspalten mit dem Zuckerwasser bepinseln und von jeder Seite etwa 1 Minute grillen oder bis sich Grillstreifen zeigen. Warm mit der Granita servieren.

Flambierte Bananen

mit sahniger Karamellsauce

Meine niederländische Nachbarin brachte mich auf die Idee zu diesem Rezept. Sie verwendet Rum und gart die Bananen direkt in der Glut, aber es geht auch prima direkt auf dem Grillrost. Ein spektakuläres Finale Ihres Grillfestes!

Für 6 Personen

125 g Zucker
150 ml Wasser
25 g Butter
150 ml Crème double
6 große, leicht unreife Bananen
6 EL Calvados

Zucker und Wasser in einen Topf geben und langsam erwärmen, bis der Zucker sich gelöst hat. Hitze erhöhen und kochen lassen, bis die Mischung einen Karamellton annimmt. Vom Herd nehmen und vorsichtig Butter und Crème double zufügen. Auf schwacher Hitze zu einer glatten Sauce rühren, dann in eine Schüssel füllen. Nach dem Abkühlen abdecken und kalt stellen.

Grill anheizen. Bananen einzeln in Alufolie wickeln. Sobald die Flammen erloschen sind, einen leicht geölten Grillrost über den Kohlen erhitzen. Wenn die Kohlen etwas abgekühlt sind bzw. sich mit einer feinen Ascheschicht überzogen haben, eingewickelte Bananen 10 Minuten grillen. Auf ein Tablett legen, Päckchen öffnen und die Bananen an der Oberseite längs einschneiden. Calvados langsam in einem kleinen Topf erwärmen, etwas Calvados in jede Banane gießen. Bananen wieder auf den Grill legen und nach einigen Minuten vorsichtig den Calvados mit einem langen Streichholz entzünden. Sobald die Flammen verlöschen, Bananen mit der gekühlten Sauce servieren.

Register

Danksagung Ein ganz besonderes Dankeschön gebührt Margaret Malone, die mir zusammen mit Linda Fraser die Energie und den Enthusiasmus verlieh, dieses wertvolle Projekt umzusetzen. Ich danke Martin Brigdale für seine unübertroffenen Fotografien, Helen Trent für die durchgehend wunderbare Gestaltung. Meinem Mann Jerry und meinen Söhnen Dan und Ben für ihre endlose Geduld beim Ausprobieren der Rezepte und ihre engagierte Hilfe bei der verzweifelten Suche nach zusammenpassenden Gerichten. Ich möchte auch Gustava, Mila und Daniel danken für die Einsichten in *umus* und *hungies*, Paul Gayler für seine Unterstützung und seinen Rat, Phil und Eddie von Covent Garden Fisheries für den herrlichen Fisch und ihren fachmännischen Rat, Martin und John von Panzers für ihren ausgezeichneten Service, Andrew von M & C für seine Beratung in Sachen Gemüse und den herzlichen Empfang, Di und Dan von Mortimer and Bennet für ihre Hilfe in allen kulinarischen Dingen, Lesley Faddy für ihr kulinarisches Know-how, Clare Barber für ihre Unterstützung und Ireen für ihren nachbarschaftlichen Rat zum Flambieren von Bananen.

Danksagung des Herausgebers Wir möchten Linda Fraser, Deirdre Spencer, Martin Brigdale und Helen Trent für die Bereitstellung ihrer Häuser zum Fotografieren danken.

Anmerkung des Herausgebers Der Leser sollte die Meinungen, Empfehlungen und Techniken, die in diesem Buch ausgedrückt und beschrieben werden, nicht als Ersatz für die Richtlinien des Herstellers zum Gebrauch eines Grills und damit verwandter Ausrüstung betrachten. Jeder Gebrauch der Empfehlungen, Meinungen und Techniken wird einzig ins Ermessen des Lesers gestellt und dessen Risiko überantwortet.

Aus dem Englischen übersetzt von Susanne Schmidt-Wussow
Redaktion und Herstellung: bookwise Medienproduktion GmbH, München
Umschlaggestaltung: Katharina Franz, kikdesign

2. Auflage 2006

Die Originalausgabe mit dem Titel *Grill. Stylish Food to Sizzle* wurde erstmals 2002 im Verlag Aquamarine, einem Imprint von Anness Publishing Ltd., London, veröffentlicht.

Druck und Bindung: Star Standard, Singapur
Printed in Singapore

ISBN 3-88472-668-4

Hinweis
Alle Informationen und Hinweise, die in diesem Buch enthalten sind, wurden von der Autorin nach bestem Wissen erarbeitet und von ihr und dem Verlag mit größtmöglicher Sorgfalt überprüft. Unter Berücksichtigung des Produkthaftungsrechts müssen wir allerdings darauf hinweisen, dass inhaltliche Fehler oder Auslassungen nicht völlig auszuschließen sind. Für etwaige fehlerhafte Angaben können Autorin, Verlag und Verlagsmitarbeiter keinerlei Verpflichtung und Haftung übernehmen.

Korrekturhinweise sind jederzeit willkommen und werden gerne berücksichtigt.